Encuentro EPIC

Experimenta Personalmente tu Identidad y Libertad en Cristo

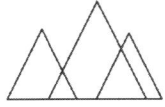

Dave Park, D.D. y el equipo de Infusion

Editorial Su Pasión
Infusion Ministries

*Recomendamos enfáticamente que mires los videos gratuitos que acompañan este material.
Puedes encontrarlos en nuestro sitio web en infusionnow.org.*

Infusion Ministries es una organización interdenominacional nacional e internacional con base en Knoxville, Tennessee. La misión de Infusion Ministries es despertar identidad y establecer libertad en el cuerpo de Cristo. Nuestro personal brinda capacitación por medio de seminarios, conferencias, talleres, consejería a corto plazo y recursos con énfasis en el equipamiento de pastores y líderes de grupos pequeños para que hagan lo mismo. Esperamos y oramos para poder tener el privilegio de servirte y llevar a cabo en tu grupo una de nuestras conferencias o seminarios transformadores. Infusion Ministries no es un centro de consejería a largo plazo. A través de recursos y verdades bíblicas, animamos y ayudamos a los creyentes en su camino con Dios.

Infusion Ministries
PO Box 22087
Knoxville TN 37933
865-966-1153
infusionnow.org

Ídice

BIENVENIDO

Bienvenido al Encuentro EPIC de Infusion Ministries. La misión de Infusion Ministries es despertar identidad y establecer libertad en el cuerpo de Cristo. Nuestro profundo deseo es que tengas una experiencia EPIC con Jesús. Esperamos que su Palabra sea real en tu vida como nunca, y que escuches su voz de manera personal. Oramos para que tu encuentro con Dios no solo te lleve a comprender mejor quién eres en Cristo, sino que también te ayude a experimentar más victoria y libertad personal en tu vida. Los contenidos de esta capacitación se tomaron de tres recursos clave: Emergiendo de la oscuridad, Rompiendo las cadenas, edición juvenil, y Libre, los cuales escribí junto con el Dr. Neil T. Anderson. Este último es un devocional de cuarenta días y una magnífica manera de hacer un seguimiento de esta capacitación.

Este manual está pensado para usarse con los videos de enseñanza Identidad EPIC, Libertad EPIC y la Jornada de oración del Señor, los cuales se encuentran en nuestro sitio web www.infusionnow.org.

Comienza con **Identidad EPIC**. Saber quién eres en Cristo es el fundamento de una libertad espiritual duradera y una vida abundante en Él.

Después de completar Identidad EPIC, el siguiente paso en esta serie de tres partes es **Libertad EPIC**. Aprenderás a caminar en la libertad que tienes en él: libertad las fortalezas espirituales y de los patrones persistentes de pecado, y libertad escuchar la voz de Dios y hacer su voluntad.

Una vez que hayas internalizado Identidad EPIC y luego de completar Libertad EPIC, el siguiente paso en este Encuentro es la **Jornada EPIC**. En esta experiencia de oración guiada por el Espíritu Santo, basada en el padrenuestro (Mateo 6:9-13), vencerás conflictos espirituales y reclamarás tu identidad y libertad en Cristo.

Visita infusionnow.org y encuentra recursos para casi todos los aspectos de la vida y el servicio cristiano, para jóvenes y adultos. Puedes hacer un pedido en línea o llamar a nuestra oficina al (865) 966-1153 para obtener ayuda. Si te podemos servir de alguna manera, háznoslo saber.

Bendiciones

Dr. Dave Park

PRÓLOGO

Estoy en un asombroso camino EPIC con el Señor. Durante más de treinta años, Dios me ha hecho estudiar su Palabra y leer a muchos escritores cristianos para entender todo lo que pueda acerca de nuestra identidad como hijos de Dios y del caminar libres de hábitos y fortalezas destructivas en nuestras vidas.

Ha sido un tiempo intensamente personal, por momentos, muy personal. Mi motivación era aprender más acerca de estas verdades, de modo que pudiera ayudar a otros con sus problemas, ayudarlos a caminar libres. Sin embargo, el Señor, con determinación persistente, trajo de vuelta a mi corazón estas increíbles verdades una y otra vez, para remendar y reparar mi propia alma y renovar mi mente y espíritu. Preparo estos estudios con un corazón humilde, pues no siento en lo absoluto que esté al final de mi camino. No siento que Dios me haya dado las verdades que voy a compartir contigo porque esté más comprometido, o sea más sabio o espiritualmente maduro que los demás; simplemente creo que el Señor debe de haber sentido que yo personalmente necesito de estas verdades más que otros. Nunca he escrito algo que haya significado más para mí personalmente que los mensajes en este estudio. He tenido grandes mentores a quienes estoy eternamente agradecido; seguramente verás su impronta en mi vida y trabajo. Ellos son Mark Bailey, Josh D. McDowell y Neil T. Anderson. Estoy muy agradecido por su enseñanza y discipulado. Me han ayudado a descubrir la verdad de la Palabra de Dios, y esas verdades me han hecho libre. Sin embargo, la mayoría de estas notas vienen directamente de la inversión personal que Neil Anderson hizo en mi vida y de los libros que escribimos juntos. Neil: llevo la antorcha que tú tan gentilmente me diste.

Hace más de 30 años le dije "Sí, acepto" a la muchacha de mis sueños, y cada vez que nos acercamos a nuestro aniversario, puedo ver con nuevos ojos cuánto Dios ha transformado mi vida. ¡Mi esposa Grace ha sido mi mejor mentora!

Gálatas 5:13 nos recuerda: *"… porque ustedes han sido llamados a ser libres"*. Gracias a la obra de amor de Jesús en la cruz, nada puede mantenernos cautivos, nada nos puede retener en esclavitud sin nuestro consentimiento. No permitas que el mundo, la carne o el diablo te tengan atado ni un día más. Oro para que, a medida que atraviesas este estudio EPIC, la Palabra y el Espíritu de Dios abran cada puerta de cautiverio, y experimentes Su gran pasión y libertad. Dios quiere que tengas una vida EPIC. Él pagó por ella, ¡así que reclámala!

El Dr. Dave Park es el fundador y presidente de Infusion Ministries y Ministerios Su Pasión, y vive en Knoxville, TN. Dave es un conferenciante y consejero muy solicitado y autor de best-sellers internacionales. Ha escrito y coescrito muchos recursos y libros para jóvenes y adultos junto con el Dr. Neil T. Anderson, entre ellos, Emergiendo de la oscuridad, y Rompiendo las cadenas, edición juvenil. El trabajo de Dave ha sido nominado para tres premios Gold Medallion.

IDENTIDAD

EPIC

Nuestra autoridad en Cristo

Autoridad es el derecho a gobernar (exousia)

Autoridad es el derecho a dar órdenes, hacerlas cumplir, actuar o tomar una decisión definitiva.

La autoridad se delega de un poder superior.

Poder es el derecho a gobernar (dunamis)

Poder es la capacidad de actuar. Es el poder para hacer, para cumplir lo que se desea.

El poder debe actuar bajo la sumisión (hupotasso) a aquellos en autoridad.

Ilustración clave: oficial de policía

A los apóstoles se les dio autoridad y poder

"Habiendo reunido a los doce, Jesús les dio poder y autoridad para expulsar a todos los demonios y para sanar enfermedades. Entonces los envió a predicar el reino de Dios y a sanar a los enfermos" (Lucas 9:1-2).

Sin embargo, la autoridad no es solamente un don apostólico.

> La autoridad no es solo un don para los apóstoles.

A los discípulos se les dio autoridad y poder

"Después de esto, el Señor escogió a otros setenta y dos para enviarlos de dos en dos delante de él a todo pueblo y lugar adonde él pensaba ir" (Lucas 10:1).

"Cuando los setenta y dos regresaron, dijeron contentos: 'Señor, hasta los demonios se nos someten en tu nombre'" (Lucas 10:17).

"'Yo veía a Satanás caer del cielo como un rayo —respondió él—. Sí, les he dado autoridad a ustedes para pisotear serpientes y escorpiones y vencer todo el poder del enemigo; nada les podrá hacer daño'" (Lucas 10:18-19).

A la iglesia se le dio autoridad y poder.

Nosotros compartimos la autoridad de Cristo. ¿Cómo sabemos que compartimos la autoridad de Cristo hoy?

Observa Efesios 1:18-23: *"Pido también que les sean iluminados los ojos del corazón para que sepan a qué esperanza él los ha llamado, cuál es la riqueza de su gloriosa herencia entre los santos, y cuán incomparable es la grandeza de su poder a favor de los que creemos. Ese poder es la fuerza grandiosa y eficaz que Dios ejerció en Cristo cuando lo resucitó de entre los muertos y lo sentó a su derecha en las regiones celestiales, muy por encima de todo gobierno y autoridad, poder y dominio, y de cualquier otro nombre que se invoque, no solo en este mundo, sino también en el venidero. Dios sometió todas las cosas al dominio de Cristo, y lo dio como cabeza de todo a la iglesia. Esta, que es su cuerpo, es la plenitud de aquel que lo llena todo por completo."*

Regocíjate en tu posición en Cristo, no en tu autoridad o poder.

Regocíjate de que eres un hijo de Dios y santo, no en el poder y la autoridad que tienes en él.

Tu posición en Cristo es más importante que tu autoridad y poder en Cristo.

"Sin embargo, no se alegren de que puedan someter a los espíritus, sino alégrense de que sus nombres están escritos en el cielo".
Lucas 10:20

La autoridad de Cristo

Jesús tiene toda autoridad, no solo en el cielo, ¡sino también en la tierra! Le fue dada por el Padre. Mateo 28:18 dice: *"Jesús se acercó entonces a ellos y les dijo: "Se me ha dado toda autoridad en el cielo y en la tierra""*.

A Jesús le fue dada toda autoridad como resultado de su victoria sobre el pecado y la muerte. Su resurrección validó su derecho a tener toda autoridad (Efesios 1:18- 21).

La autoridad de Jesús se extiende sobre todas las personas y todas las cosas por todos los tiempos (Efesios 1:20-21; 1 Corintios 15:24-28).

Nuestra autoridad en Cristo

La derecha de Dios se identifica como el lugar de toda autoridad (Efesios 1:20, 21).

Jesús está sentado a la derecha de Dios. Hebreos 1:3 dice: *"El Hijo es el resplandor de la gloria de Dios, la fiel imagen de lo que él es, y el que sostiene todas las cosas con su palabra poderosa. Después de llevar a cabo la purificación de los pecados, se sentó a la derecha de la Majestad en las alturas"*.

Hemos sido levantados con Cristo y ahora estamos sentados en él a la derecha de Dios. Efesios 2:4-6 dice: *"Pero Dios, que es rico en misericordia, por su gran amor por nosotros, nos dio vida con Cristo, aun cuando estábamos muertos en pecados. ¡Por gracia ustedes han sido salvados! Y en unión con Cristo Jesús, Dios nos resucitó y nos hizo sentar con él en las regiones celestiales..."*

¡Ahora compartes el lugar de autoridad de Cristo!

"Así que sométanse a Dios. Resistan al diablo, y él huirá de ustedes".
Santiago 4:7

Por lo tanto, cuando nos ponemos bajo la autoridad de Cristo, el diablo debe dejarnos en paz cuando estamos firmes y lo resistimos. Mira en el margen lo que dice Santiago 4:7.

¿Qué estaba pensando Dios? Cuando pensamos en la increíble autoridad que se nos ha dado en Cristo, deberíamos asombrarnos de que Dios elija compartirla con nosotros. Pero él ha hecho justamente eso.

¿Por qué? Porque Dios ha decidido usar el cuerpo de Cristo, la iglesia, y cada cristiano para ser un ejemplo vivo de su gran amor, misericordia, gracia y sabiduría.

Efesios 3:9-11 dice: *"… y de hacer entender a todos la realización del plan de Dios, el misterio que desde los tiempos eternos se mantuvo oculto en Dios, creador de todas las cosas. El fin de todo esto es que la sabiduría de Dios, en toda su diversidad, se dé a conocer ahora, por medio de la iglesia, a los poderes y autoridades en las regiones celestiales, conforme a su eterno propósito realizado en Cristo Jesús nuestro Señor".*

"y cuál es la extraordinaria grandeza de Su poder para con nosotros los que creemos, conforme a la eficacia de la fuerza de Su poder".
Efesios 1:19 (NBLA)

Toma nota

Jesús demostró que tenía una autoridad que procedía directamente de Dios Padre (Mateo 28:18, Hebreos 8:1), y demostró su poder y autoridad en la resurrección (Efesios 1:19-23). El apóstol Pablo utiliza cuatro palabras clave en Efesios 1:19 (NBLA) para describir la asombrosa autoridad de Cristo:

Extraordinaria grandeza de su **poder** (dunameos)   De la **fuerza** (kratous)

Conforme a la **eficacia** (energian)   De su **poder** (ischuos)

Declaración contra el enemigo

Decláralo en voz alta

Por el poder y la sangre del Señor Jesucristo, yo ordeno, no sugiero, ordeno a todo espíritu de mal que intente influenciarme, a mi mente, o a mi cuerpo, que abandone mi presencia. Yo soy hijo del Dios Altísimo y mi mente es mía, un lugar tranquilo solo para mí y para Dios. Soy libre para escuchar la voz de Dios y caminar en mi verdadera identidad.

Oración de sumisión a Dios

Ora en voz alta

Querido Padre celestial, sé que tú estás aquí conmigo ahora y presente en mi vida. Creo que solo tú eres todopoderoso. Me acerco a ti y te pido que tú te acerques a mí. Te pido que me hables; no quiero oír palabras de hombre, quiero oírte a ti. Te pido que protejas mis pensamientos y mi mente, me llenes de tu Espíritu Santo y me guíes a toda la verdad. Muéstrame cómo caminar libre hoy. Oro en el nombre de Jesús, amén.

Tu nueva identidad en Cristo

¿Quién eres?

Al principio puede parecer una pregunta simple, una que incluso puedes responder sin esfuerzo; sin embargo, la manera en que la respondes revela lo que crees acerca del evangelio y los derechos espirituales que obtienes al nacer de nuevo.

Como cristianos, debemos darnos cuenta de por qué nuestras necesidades de identidad, aceptación, seguridad y significado no pueden satisfacerse por completo a través de la apariencia, el desempeño y el estatus social. En este mensaje descubrirás cómo tus necesidades se satisfacen al hacerte hijo de Dios, y entenderás más profundamente el mensaje de Dios en su totalidad y lo que significa ser una nueva creación en Cristo .

Verdad

Así que de ahora en adelante no consideramos a nadie según criterios meramente humanos. Aunque antes conocimos a Cristo de esta manera, ya no lo conocemos así. Por lo tanto, si alguno está en Cristo, es una nueva creación. ¡Lo viejo ha pasado, ha llegado ya lo nuevo!"
(2 Corintios 5:16-17)

Definición

"Identidad en Cristo" significa <u>conocer</u> y <u>creer</u> lo que Dios dice de mí.

Mi nueva identidad en Cristo

Verdad sobre mí: **antes de Cristo**

Era pecador
(Romanos 3:23; Romanos 5:8)

Estaba perdido *(Lucas 19:10)*

Era extranjero *(Efesios 2:19)*

Estaba muerto *(Efesios 2:1-3)*

Era huérfano *(Juan 14:18)*

Era culpable *(Santiago 2:10)*

Verdad sobre mí: **en Cristo**

Soy santo *(Filipenses 1:1; Efesios 1:1; Colosenses 1:2; 1 Corintios 1:2)*

He sido encontrado *(Lucas 15:6, 9, 24)*

Soy ciudadano *(Efesios 2:19)*

Estoy vivo *(Efesios 2:4-7)*

Soy adoptado *(Efesios 1:5, Romanos 8:15)*

Soy perdonado *(Efesios 1:7)*

Cristo satisface todas mis necesidades

Sin Cristo experimentamos	En Cristo experimentamos
Rechazo (Efesios 2:1-3)	Aceptación (Romanos 5:1, 8, 15, 17)
Aislamiento (Efesios 4:18 RVR)	Pertenencia (1 Corintios 6:17)
Falta de propósito (Eclesiastés 1:2)	Propósito (2 Corintios 5:17-18; Colosenses 3:4)
Debilidad (Salmo 27:1)	Poder (Filipenses 4:13)
Timidez (2 Timoteo 1:7)	Autoridad (Hechos 1:8)
Rebelión (1 Timoteo 1:9)	Sumisión (Romanos 13:1-2)
Preocupación (1 Pedro 5:7)	Provisión (Filipenses 4:19)
Desorientación (Hebreos 5:11-14)	Dirección (Romanos 8:14)
Miedo (2 Timoteo 1:7; Mateo 10:26-33)	Seguridad (Romanos 8:31)
Inferioridad (Romanos 8:37)	Importancia (Juan 15:1, 5)
Confusión (1 Corintios 14:33)	Paz (Gálatas 5:22)
Ataduras (1 Juan 4:4)	Libertad (Gálatas 5:1)

Ecuaciones de falsa identidad

"Así dice el Señor: 'No se gloríe el sabio de su sabiduría, ni se gloríe el poderoso de su poder, ni el rico se gloríe de su riqueza; pero si alguien se gloría, gloríese de esto: de que me entiende y me conoce, pues Yo soy el Señor que hago misericordia, derecho y justicia en la tierra, porque en estas cosas me complazco', declara el Señor" (Jeremías 9:23-24).

Debemos entender nuestra verdadera identidad en Cristo y alcanzar nuestra verdadera herencia espiritual y derechos de nacimiento como hijos del Dios Altísimo. Esto significa dejar que el Señor derribe las ecuaciones de falsa identidad que el mundo, la carne y el diablo han formado, y que las reemplace por la única ecuación de identidad que funciona:

Ecuación de verdadera identidad

> **Tú + Cristo = Completo y con significado**
> **Intimidad con Dios = Amor, paz y plenitud**

Las ecuaciones de falsa identidad se desarrollan lejos de quienes somos en Cristo para reforzar y aumentar nuestro falso sentido de ser. Todos queremos pertenecer y sentirnos seguros e importantes. De hecho, estas son necesidades legítimas. El problema surge cuando tratamos de satisfacerlas lejos de quienes realmente somos en Cristo.

Por ejemplo:

Mentiras del mundo

¿Te suenan algunas de estas? ¿Hay otras? Agrégalas.

- El aspecto correcto + la forma justa = verdadera belleza
- Apariencia + admiración = pertenencia
- Respeto + aprobación = integración o liderazgo
- Rendimiento + logro = trascendencia
- La acción correcta + la presentación adecuada = importancia
- Estatus + reconocimiento = seguridad
- Identificación con el grupo adecuado + prestigio = protección y aceptación
- Muchos "me gusta" + comentarios positivos = aceptación y trascendencia
-
-

¿Por qué una muchacha físicamente delgada lucha con la anorexia o la bulimia? Hay una ecuación de falsa identidad profundamente arraigada en su mente. La mentira exige que busque la apariencia correcta y determinada figura para alcanzar la "verdadera belleza". El problema es que la figura y la apariencia nunca llegan. El enemigo es bueno para cegar los ojos ante la verdad.

¿Por qué un jovencito inteligente se une a una pandilla? Hay una ecuación de falsa identidad profundamente arraigada en su mente. La mentira insiste en que se identifique con el grupo esperado y que alcance prestigio y posición, pero un antecedente penal, un trabajo mal pagado y algunas cicatrices de batalla son todo lo que en realidad obtiene… Eso si no es asesinado.

La misma ecuación de falsa identidad puede llevar a un hombre a gastar el dinero que realmente no tiene para unirse a un club de golf y tomar horas de clases cuando lo que de verdad necesita y quiere es estar en casa. A Satanás le encanta moldear nuestros frágiles egos y cualquier ecuación de falsa identidad que esté a su alcance. Si una ecuación no funciona, con gusto presenta otra.

Lo único que nos protege es saber la verdad, y la única ecuación de identidad que funciona es:

Tú + Cristo = Completo y con significado

Las ecuaciones de falsa identidad no son lindas, o algo que a las personas se les pasa cuando crecen. No son solo una fase; son controladoras y mortales. Existen investigaciones actuales que demuestran el impacto de las ecuaciones de falsa identidad.

- En un estudio de 2014, se halló lo siguiente[1]:
  - El 44% de las chicas y el 15% de los chicos intentaban perder peso.
  - Más del 70% de las chicas de 15 a 17 años evitan las actividades normales (ir a la escuela) cuando se sienten mal por su aspecto.
  - El 75% de las chicas con baja autoestima se cortaban, hacían bullying, fumaban, se emborrachaban o comían de forma desordenada, en comparación con el 25% de las chicas con alta autoestima.
  - El 20% de los adolescentes sufre depresión antes de la edad adulta.
  - El 38% de los chicos de secundaria y bachillerato afirma consumir suplementos proteínicos y el 6% experimenta con esteroides.
  - El 70% de las chicas creen que no son lo suficientemente buenas o que no están a la altura en algún sentido, como el aspecto físico, el rendimiento escolar o la relación con los amigos y la familia.

- Un estudio de 2015 reveló que el 37% de los adolescentes tenía problemas con su identidad, y el 95% declaró haberse sentido inferior en algún momento de su vida[2].

- En un estudio de la American Psychiatry Association (APA) de 2018 sobre el estrés de los adolescentes, entre el 33% y el 50% de ellos afirmaron que las redes sociales les hacían sentirse juzgados o mal consigo mismos[3].

- En 2019, La Organización Mundial de la Salud anunció que el suicidio era la tercera causa de muerte en adolescentes de 15 a 19 años[4].

- Según un estudio de 2020, el 70% de los adolescentes tienen problemas de salud mental tras la pandemia de COVID-19[5].

- Una encuesta de Barna, que se publicará próximamente, revela que el 39% de los jóvenes de 18 a 24 años se identifican como LGBTQ[6].

[1] Extraído de https://www.dosomething.org/us/facts/11-facts-about-teens-and-self-esteem.

[2] Skedel, R. (26 de abril de 2022) Identity Crisis: Signs, Symptoms and Treatments. (Crisis de identidad: signos, síntomas y tratamientos). Extraído de https://www.choosingtherapy.com/identity-crisis/.

[3] Divecha, D. (9 de mayo de 2019) Developmental Science: Our Teens Are More Stressed than Ever: Why, and What Can You Do About It? (Ciencia del desarrollo. Nuestros adolescentes están más estresados que nunca: ¿por qué y qué puede hacer al respecto?) Extraído de https://www.developmentalscience.com/blog/2019/5/7/ourteens-are-more-stressed-than-ever.

[4] (Ibid)

[5] Fuente: National 4-H Council: https://www.prnewswire.com/news-releases/new-survey-finds-7-in-10teens-are-struggling-with-mental-health-301078336.html.

[6] Bond, P. (20 de octubre de 2021) Newsweek. Extraído de https://www.newsweek.com/nearly-40-percent-us-gen-zs-30-percent-christians-identify-lgbtq-poll-shows-1641085.

Tu identidad como creyente no proviene de tu apariencia exterior, desempeño o estatus social. Tu identidad viene de ser un hijo de Dios. Tu sentido de valor no viene de ti mismo, sino de ser creado a la imagen de Dios. Cuando lleguemos a darnos cuenta de que Cristo está en nosotros y nosotros estamos en Cristo, ya no nos preocuparemos por nuestra imagen.

"Y Dios el Señor formó al hombre del polvo de la tierra, y sopló en su nariz hálito de vida, y el hombre se convirtió en un ser viviente".
Génesis 2:7

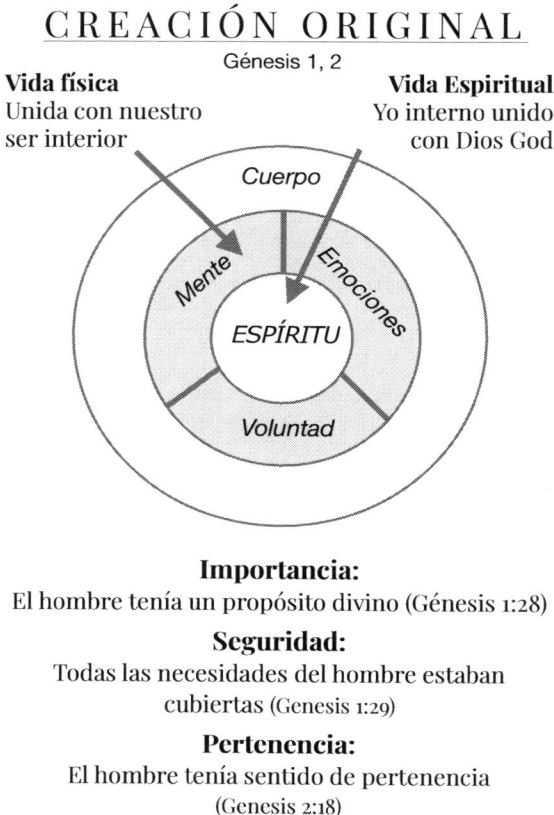

CREACIÓN ORIGINAL
Génesis 1, 2

Vida física
Unida con nuestro ser interior

Vida Espiritual
Yo interno unido con Dios God

Cuerpo

Mente

Emociones

ESPÍRITU

Voluntad

Importancia:
El hombre tenía un propósito divino (Génesis 1:28)

Seguridad:
Todas las necesidades del hombre estaban cubiertas (Genesis 1:29)

Pertenencia:
El hombre tenía sentido de pertenencia (Genesis 2:18)

Figura 1A: adaptada de la página 21 de Emergiendo de la oscuridad de Neil Anderson y Dave Park.

Creados a imagen de Dios

Todos nosotros en algún momento hemos actuado como alguien que no éramos o nos hemos mostrado de forma falsa, probablemente porque hayamos sufrido el dolor del rechazo, la culpa, la vergüenza o la inseguridad, o no nos hemos sentido importantes. Aunque ahora luchamos por sentirnos aceptados, seguros e importantes, en el principio Dios no nos creó así. Tanto Adán como Eva fueron creados a imagen de Dios (Génesis 1:26-27).

Adán y Eva estaban vivos de dos maneras: en primer lugar, estaban físicamente vivos (bios). El alma/espíritu está unido al cuerpo. La muerte física es la separación del alma/espíritu del cuerpo.

En segundo lugar, estaban vivos espiritualmente (zoë). Su alma/espíritu estaba unido a Dios. Estar espiritualmente muertos es estar separados de Dios (Efesios 2:1). Para el cristiano, estar espiritualmente vivo es estar "en Cristo" o "ser un hijo de Dios, nacido de nuevo" (espiritualmente). Como Adán y Eva estaban conectados con Dios, tenían un profundo sentido de propósito y significado en la vida.

Los efectos de la caída

Lo que Adán y Eva perdieron inmediatamente fue la vida espiritual, no física. Su vida espiritual se caracterizaba por su vital relación de dependencia de Dios. El pecado de Adán fue desobedecer la orden de Dios deliberadamente, lo que resultó en la pérdida de su relación íntima con Él.

- De seguro morirás (Génesis 2:17).
- Estaban muertos en sus trasgresiones y pecados (Efesios 2:1).
- El pecado entró en el mundo a través de un hombre, y la muerte, a través del pecado (Romanos 5:12).

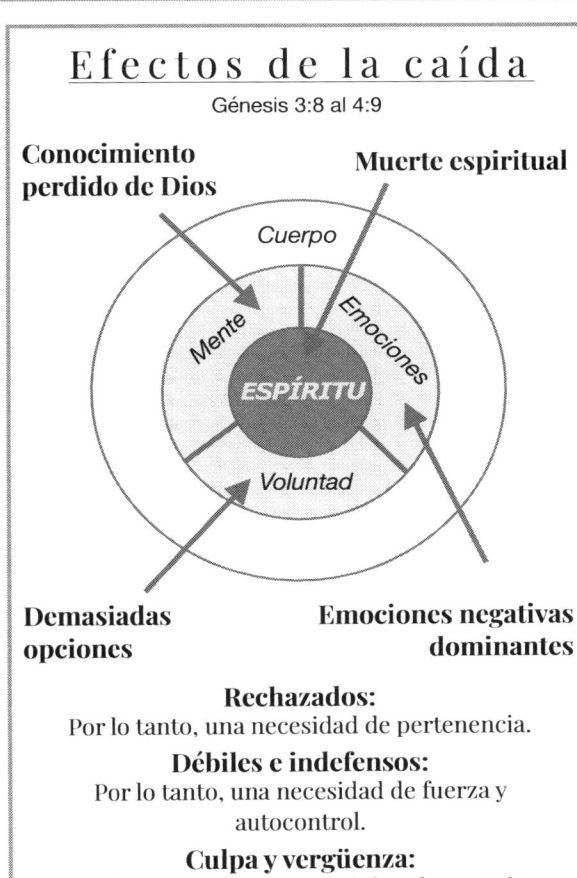

Efectos de la caída
Génesis 3:8 al 4:9

Conocimiento perdido de Dios

Muerte espiritual

Cuerpo

Mente

Emociones

ESPÍRITU

Voluntad

Demasiadas opciones

Emociones negativas dominantes

Rechazados:
Por lo tanto, una necesidad de pertenencia.

Débiles e indefensos:
Por lo tanto, una necesidad de fuerza y autocontrol.

Culpa y vergüenza:
Por lo tanto, una necesidad de valor propio.

Figura 1B: adaptada de la página 25 de Emergiendo de la oscuridad de Neil Anderson y Dave Park.

1. Muerte espiritual (espíritu)

Si bien Adán y Eva no murieron físicamente de inmediato, sí murieron espiritualmente (Génesis 2:16-17). Como consecuencia, cada descendiente de Adán nace al mundo físicamente vivo, pero espiritualmente muerto (Romanos 5:12; 1 Corintios 15:21-22).

2. Conocimiento perdido de Dios (mente)

Fue dolorosamente claro que Adán y Eva habían perdido su intimidad y lo que sabían acerca de Dios, ya que intentaron esconderse de un Dios omnisciente y omnipresente (Génesis 3:7-8). Antes de aceptar a Cristo, nuestro entendimiento de Dios está oscurecido porque no tenemos la vida de Cristo en nosotros (Efesios 4:18). Pablo dijo que la persona natural o no salva, que está muerta espiritualmente, no puede discernir las cosas de Dios porque tales cosas no se entienden a través de la carne, sino solo por el Espíritu (1 Corintios 2:14). En esta condición podemos conocer cosas acerca de Dios, pero no podemos conocerlo a él realmente de una manera íntima y personal. Eso no es posible hasta que establecemos una relación con él

por medio de su hijo Jesucristo.

3. Demasiadas opciones (voluntad)

Antes de la caída, Adán y Eva podían tomar una sola mala decisión: comer del árbol prohibido; aparte de eso, no podían tomar malas decisiones. Luego de la caída, fueron bombardeados con opciones, tanto buenas como malas. Abrumados, se deprimieron y se enojaron. Hoy, la depresión es el "resfrío común" de las enfermedades mentales. Por más medicamentos nuevos y avances médicos que haya, más y más personas están sufriendo depresión como nunca. (Un recurso útil: *Venciendo la depresión*, de Neil Anderson y Dave Park).

4. Emociones negativas dominantes (emociones)

La primera emoción registrada después de la caída de la humanidad fue el miedo (Génesis 3:10). Sintieron culpa y vergüenza; por lo tanto, una necesidad de valor propio. Se sintieron débiles e indefensos; por lo tanto, una necesidad de fuerza y autocontrol. Se sintieron rechazados; por lo tanto, una necesidad de pertenencia.

Hoy, los trastornos de ansiedad son el principal problema de salud mental en el mundo. El pecado es intentar satisfacer nuestras necesidades básicas fuera de Cristo; vivir independientemente de Dios. Sin embargo, Dios promete satisfacer todas nuestras necesidades a medida que vivamos nuestra vida "en Cristo".
(Un recurso útil: *Venciendo el miedo,* de Neil Anderson y Dave Park).

1. ¿Cuánto de tu identidad y sentido de valor viene de lo que haces?

2. De acuerdo con 2 Corintios 5:16-17, ¿en qué se basa tu verdadera identidad? (Consulta el cuadro al final de la página 10 si necesitas recordar sobre tu nueva identidad en Cristo).

3. ¿Por qué piensas que a menudo luchamos con la culpa y la vergüenza?

4. ¿Cómo nos ayuda Cristo a sentirnos seguros?

5. Pídele al Señor que te muestre una ecuación de falsa identidad con la que estés luchando. Escribe todas las que el Señor te revele o las que puedas identificar en tu vida.

6. ¿Cuál es la única ecuación de identidad que realmente funciona?

7. ¿Cuál es la verdad más importante que aprendiste en este mensaje?

Di ¡sí! a la vida nueva

1. El último Adán (Jesucristo)

Jesús se parecía a Adán antes de la caída en que estaba física y espiritualmente vivo, porque fue concebido por el Espíritu Santo y nacido de una virgen. A diferencia de Adán, Jesús nunca pecó. Fue un modelo perfecto para que podamos ver cómo vivir libres en un mundo caído; dependía totalmente de Dios Padre. Jesús fue mucho más que solo un modelo: es el único dador de vida y libertad. Es su pasión dar vida eterna a todos los que se vuelven a él. Él dijo: *"Yo he venido para que tengan vida, y la tengan en abundancia"* (Juan 10:10).

2. "En Cristo" recuperamos la vida

La Biblia nos dice *"para mí el vivir es Cristo"* (Filipenses 1:21). Por lo tanto, "la vida" se recupera en Cristo. *"El que tiene al Hijo, tiene la vida; el que no tiene al Hijo de Dios, no tiene la vida"* (1 Juan 5:12).

3. La vida determina la identidad

El cristiano no es simplemente una persona perdonada, que consigue ir al cielo, recibe el Espíritu Santo y una nueva naturaleza. El cristiano, en materia de su más profunda identidad, es santo, un hijo de Dios, profundamente amado por Él.

Toma nota

Ser cristiano no se trata solo de recibir algo (el perdón, el cielo, el Espíritu Santo), se trata de ser alguien.

No se trata de lo que tienes, sino de quien eres.

*Lo que **haces** no determina quien eres.*
*Quien **eres** determina lo que haces.*

Jesús vino a darnos una vida EPIC

"Yo soy la resurrección y la vida. El que cree en mí vivirá, aunque muera".

Juan 11:25

La diferencia entre buenas obras e identidad en Cristo es la diferencia entre la luz y la vida. La vida determina la identidad; las buenas obras determinan la luz. El evangelio de Juan lo dice de esta manera: *"En él estaba la vida, y la vida era la luz de la humanidad"* (Juan 1:4). Observa que la luz no produce vida; más bien, la vida espiritual es la luz del mundo. Las buenas obras no pueden producir vida; sin embargo, la vida siempre produce buenas obras. Jesús no vino a la tierra a obligarnos a hacer buenas obras, sino a que lo recibiéramos como la única fuente de vida eterna (Juan 11:25).

"Pero ustedes son linaje escogido, real sacerdocio, nación santa, pueblo que pertenece a Dios, para que proclamen las obras maravillosas de aquel que los llamó de las tinieblas a su luz admirable. Ustedes antes ni siquiera eran pueblo, pero ahora son pueblo de Dios; antes no habían recibido misericordia, pero ahora ya la han recibido" (1 Pedro 2:9-10).

"Ciertamente les aseguro que el que oye mi palabra y cree al que me envió tiene vida eterna y no será juzgado, sino que ha pasado de la muerte a la vida".

Juan 5:24

Si quisieras salvar a un hombre muerto, tendrías que hacer dos cosas:

Primero, curar la enfermedad que le causó la muerte.
Jesús murió por nuestros pecados y ofrece su perdón a todos los que lo quieran recibir (Romanos 3:23; Efesios 1:7).

Segundo, darle vida.
En Cristo tenemos una nueva vida (Juan 5:24).

Cuando Jesús nos justificó (nos declaró "inocentes"), nos quitó todo el pecado. Aún más, también nos dio nueva vida y santidad.

La vida eterna no es algo que recibes cuando te mueres (1 Juan 5:12). En el momento en que recibimos a Cristo, recibimos vida eterna y nos hacemos hijos de Dios (Juan 1:12).

En Cristo ahora tenemos *vida, aceptación, seguridad e importancia*. ¡Todo es restaurado en Cristo!

Tu invitación a la vida

Jesús dijo: *"Yo he venido para que tengan vida, y la tengan en abundancia"* (Juan 10:10).

¿Has descubierto la alegría y la paz de aceptar personalmente la invitación de Jesús a la vida? Quizás has creído en la existencia de Dios y su Hijo, y has tratado de vivir una buena vida, pero nunca lo has invitado conscientemente a ser tu Salvador y Señor.

No importa quién eres o lo que hayas hecho. En este mismo momento, puedes tomar la decisión de tu vida. Ahora mismo, Jesús está golpeando la puerta de tu corazón. Él te ofrece la misma maravillosa transformación de vida que millones a lo largo de los siglos han experimentado. Él ya ha recibido el castigo por tu pecado. Te pide, en la tranquilidad de tu corazón, que pongas tu confianza en Él.

Cuatro verdades espirituales

Descubre cómo conocer a Dios personalmente y experimentar la vida plena y abundante que promete.

1. Dios te ama y quiere tener una relación personal contigo.

"Porque tanto amó Dios al mundo que dio a su Hijo unigénito, para que todo el que cree en él no se pierda, sino que tenga vida eterna" (Juan 3:16).

¿Por qué la mayoría de las personas no experimentan una vida de libertad y vida abundante? Porque...

"Y esta es la vida eterna: que te conozcan a ti, el único Dios verdadero, y a Jesucristo, a quien tú has enviado".
Juan 17:3

2. El pecado nos separa de Dios; entonces, no podemos tener una relación personal con Él y experimentar su amor.

Todos hemos pecado

"Todos han pecado y están privados de la gloria de Dios" (Romanos 3:23).

Todos fuimos creados para tener una relación personal con Dios. Como todos elegimos seguir nuestro propio camino independiente, nuestra relación con Dios se perdió. El hecho de que somos egoístas y egocéntricos es obvio, ya sea en que nos rebelemos en contra de Dios, o no nos importe. Esta evidencia es a lo que la Biblia llama "pecado".

Fuimos separados de Dios

"La paga del pecado es muerte" [separación espiritual de Dios] (Romanos 6:23).

Este diagrama muestra que Dios es santo (puro y sin pecado) y nosotros somos pecadores. Un gran abismo nos separa de Dios. Las flechas indican nuestros intentos de alcanzar a Dios y la vida abundante a través de nuestros propios esfuerzos, tales como una buena vida, filosofía o religión, pero, inevitablemente, fallamos.

Dios Santo

Hombre pecador

3. Jesucristo es la única cura de Dios para nuestro pecado.
   Por medio de él, tú puedes conocer y experimentar el amor de Dios.

Jesús murió en nuestro lugar

"Dios demuestra su amor por nosotros en esto: en que cuando todavía éramos pecadores, Cristo murió por nosotros" (Romanos 5:8).

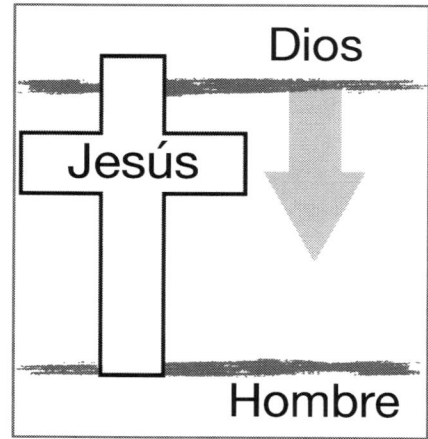

Jesús resucitó de entre los muertos

"... que Cristo murió por nuestros pecados según las Escrituras, que fue sepultado, que resucitó al tercer día según las Escrituras, y que se apareció a Cefas, y luego a los doce. Después se apareció a más de quinientos hermanos a la vez, la mayoría de los cuales vive todavía, aunque algunos han muerto" (1 Corintios 15:3-6).

Jesús es el único camino hacia Dios

"Yo soy el camino, la verdad y la vida —le contestó Jesús—. Nadie llega al Padre sino por mí" (Juan 14:6).

Este diagrama muestra que Dios hizo un puente sobre el abismo que nos separa de él al enviar a su hijo, Jesucristo, a morir en la cruz en nuestro lugar, para recibir el castigo por nuestros pecados.

¡No alcanza solo con saber estas verdades!

4. Debemos recibir personalmente a Jesucristo como Salvador y Señor; luego podremos conocer y experimentar el amor y el plan de Dios para nuestras vidas.

Debemos recibir a Cristo

"Mas a cuantos lo recibieron, a los que creen en su nombre, les dio el derecho de ser hijos de Dios" (Juan 1:12).

Recibimos a Cristo por medio de la fe

"Porque por gracia ustedes han sido salvados mediante la fe; esto no procede de ustedes, sino que es el regalo de Dios, no por obras, para que nadie se jacte" (Efesios 2:8-9).

Cuando recibimos a Cristo, experimentamos un nuevo nacimiento

> *"Había entre los fariseos un dirigente de los judíos llamado Nicodemo. Este fue de noche a visitar a Jesús. —Rabí —le dijo—, sabemos que eres un maestro que ha venido de parte de Dios, porque nadie podría hacer las señales que tú haces si Dios no estuviera con él.*
>
> *—De veras te aseguro que quien no nazca de nuevo no puede ver el reino de Dios —dijo Jesús.*
>
> *—¿Cómo puede uno nacer de nuevo siendo ya viejo? —preguntó Nicodemo—. ¿Acaso puede entrar por segunda vez en el vientre de su madre y volver a nacer?*
>
> *—Yo te aseguro que quien no nazca de agua y del Espíritu no puede entrar en el reino de Dios —respondió Jesús—. Lo que nace del cuerpo es cuerpo; lo que nace del Espíritu es espíritu. No te sorprendas de que te haya dicho: "Tienen que nacer de nuevo". El viento sopla por donde quiere, y lo oyes silbar, aunque ignoras de dónde viene y a dónde va. Lo mismo pasa con todo el que nace del Espíritu"* (Juan 3:1-8).

Recibir a Cristo significa volverse de uno mismo a Dios (arrepentimiento) y confiar en que Cristo vendrá a nuestras vidas y perdonará nuestros pecados, y hará de nosotros lo que él quiere que seamos. Aceptar **intelectualmente** que Jesucristo es el Hijo de Dios y que murió en la cruz por nuestros pecados no es suficiente. Tampoco es suficiente tener una experiencia **emocional**. Recibimos a Jesucristo por **fe**, como un acto **voluntario**.

Si no has recibido a Cristo, puedes hacerlo ahora mismo, por fe, a través de la oración (orar es hablar con Dios). Dios conoce tu corazón y no le importan tanto tus palabras, le importa la actitud de tu corazón. Sugerimos una oración como esta:

Oración

Señor Jesús, creo que tú eres el Hijo de Dios, y quiero conocerte personalmente. Confieso que te necesito. Gracias por morir en la cruz por mí y por mis pecados. Te abro la puerta de mi vida y te recibo como mi Salvador y Señor. Confío en que perdonas todos mis pecados y me das la vida eterna. Toma el control de mi vida. Hazme la clase de persona que tú quieres que sea. Gracias por salvarme y hacerme tu hijo. Amén.

(Your Most Important Relationship [Tu relación más importante], San Bernardino, CA: publicado junto con Campus Crusade for Christ International y Youth for Christ/USA, 1985, págs. 1-11).

Si oraste para recibir a Cristo hoy, escribe tu decisión en el espacio siguiente:

La vida eterna no comienza cuando mueres, ¡comienza en el momento en que recibes a Cristo como tu Salvador! Dios quiere que tengas una vida llena de su presencia: una vida EPIC (en la que experimentes personalmente tu identidad en Cristo). El enemigo quiere robarte la alegría y la seguridad. No se lo permitas. Deja anotada esta decisión tan importante y transformadora que has tomado.

Hoy acepté a Cristo como mi Señor y Salvador personal.

Firma:_____

Fecha de hoy:_____

"Nos has hecho para ti, y nuestros corazones no tienen descanso hasta que descansan en ti".
San Agustín

Soy Hijo de Dios. Juan 1:12
Soy el amigo escogido de Jesús. Juan 15:15
Soy sal y luz para todos los que me rodean. Mateo 5:13,14
Soy santo y aceptado por Dios (justificado). Romanos 5:1
Soy santo y perdonado de todos mis pecados. Colosenses 1:14
He sido redimido y perdonado de todos mis pecados. Colosenses 1:14
Estoy seguro de que Dios terminará la Buena obra que comenzó en mi. Filipenses 1:6
He sido comprado a un alto precio. Pertenezco a Dios. 1 Corintios 6:19,20
He sido adoptado como Hijo de Dios. Efesios 1:5
Soy libre de cualquier cargo de condena en mi contra. Romanos 8:31
Estoy unido al Señor y soy un espíritu con El. 1 Corintios 6:17
Soy nacido de Dios y el malvado no puede tocarme. 1 Juan 5:18
Soy un ciudadano del Cielo junto con el resto de la familia de Dios. Efesios 2:19
Soy un templo en donde vive el Espíritu Santo. 1 Corintios 3:16, 6:19
Estoy seguro de que todas las cosas funcionan juntas para bien. Romanos 8:28
Soy santo. Efesios 1:1
Soy libre de castigo. Romanos 8:1,2
Estoy en paz con Dios y El me ha dado el trabajo de hacer las paces entre Él y las demás personas. 2Corintios 5:17
Soy el compañero de trabajo de Dios. 2 Corintios 6:1
Soy parte del cuerpo de Cristo, parte de Su familia. 1 Corintios 12:27
Soy el proyecto en construcción de Dios, Su mano de obra, creado para hacer Su trabajo. Efesios 2:10
No puedo ser separado del amor de Dios. Romanos 8:35
Estoy completo en Cristo. Colosenses 2:10
Soy parte de la vid verdadera, unido a Cristo
Soy capaz de producir muchos frutos. Juan 15:1,5
Estoy sentado con Cristo en el Cielo. Efesios
Estoy escondido con Cristo en Dios. Colosenses 3:3
Fui seleccionado por Cristo para dar frutos. Juan 15:16
Soy capaz de hacer todo a través de Cristo que me da fuerzas. Filipenses 4:13
Recibirán poder y serán mis testigos. Hechos 1:8

Puedes estar seguro

"El que tiene al Hijo, tiene la vida; el que no tiene al Hijo de Dios, no tiene la vida. Les escribo estas cosas a ustedes que creen en el nombre del Hijo de Dios, para que sepan que tienen vida eterna" (1 Juan 5:12-13).

"Mis ovejas oyen mi voz; yo las conozco y ellas me siguen. Yo les doy vida eterna, y nunca perecerán, ni nadie podrá arrebatármelas de la mano" (Juan 10:27-28).

"... Recuerden que en ese entonces ustedes estaban separados de Cristo, excluidos de la ciudadanía de Israel y ajenos a los pactos de la promesa, sin esperanza y sin Dios en el mundo. Pero ahora en Cristo Jesús, a ustedes que antes estaban lejos, Dios los ha acercado mediante la sangre de Cristo" (Efesios 2:12-13).

1. La condenación es un pensamiento de castigo o un juicio contra uno mismo o contra los demás. La condenación dice: "Eres completamente rechazado y no sirves para nada bueno". ¿Alguna vez te has sentido condenado? ¿Cuándo?

2. Lee Romanos 8:1. ¿Qué dice Dios acerca de nuestro pecado, si ponemos nuestra confianza en Cristo como Salvador? Declara ahora esta verdad para ti mismo:
"NO soy condenado ni rechazado. Renuncio a esa mentira. Debido a que mi vida está unida a la vida de Cristo, ¡soy aceptado, estoy seguro y sirvo para cualquier propósito que Dios tenga para mí!"

3. ¿Qué dice Colosenses 2:13-14 sobre lo que Jesús hizo con nuestro pecado?

4. Has sido perdonado por todos tus pecados pasados, presentes y futuros; la pizarra ha sido borrada. ¿Qué dice Hebreos 4:16 que podemos hacer ahora? ¿Cómo comunicarías esta verdad con tus propias palabras?

5. Lee Efesios 2:11. ¿Cuál era tu identidad antes de la salvación?

6. Lee Efesios 2:19. ¿Cuál es tu nueva identidad en Cristo?

7. La Biblia dice que, si has confiado en Cristo para tu salvación, ahora eres un hijo de Dios. A partir de estos textos bíblicos, identifica los términos usados para explicar esta transformación.

   Juan 3:6

   2 Corintios 6:18

   Tito 3:5

   Gálatas 3:26

   Efesios 2:1-2

Conviértete en quien realmente eres

Algo viejo, algo nuevo

¿Qué sucedió contigo cuando te hiciste hijo de Dios por la fe en Jesús? ¿Realmente cambió algo dentro de ti? Satanás quiere que creas que eres el mismo pedazo de humanidad pecadora que eras antes de confiar en Cristo. ¿Es cierto eso? ¡DE NINGUNA MANERA!

Verdad

"... Recuerden que en ese entonces ustedes estaban separados de Cristo, excluidos de la ciudadanía de Israel y ajenos a los pactos de la promesa, sin esperanza y sin Dios en el mundo. Pero ahora en Cristo Jesús, a ustedes que antes estaban lejos, Dios los ha acercado mediante la sangre de Cristo" (Efesios 2:12-13).

Como puedes ver, Dios te ve como realmente estás: en Cristo. Esa es tu posición: unido a Jesucristo y unido a su vida. Aunque es posible que no te sientas como nuevo, en realidad eres toda una nueva persona por dentro. Desafortunadamente, la mayoría de los cristianos no se dan cuenta de esta verdad, y por eso están pereciendo por falta de conocimiento (Oseas 4:6).

Toma nota

¿Te ves a ti mismo como un producto de tu pasado o como un <u>pecador</u> o un <u>inútil</u>?

Dios quiere que nos veamos <u>amados</u> y <u>en Cristo</u>, y como los <u>santos</u> que realmente somos.

En el nuevo testamento, Pablo hace referencia más de 170 veces al hecho de que ahora estamos "en Él". Satanás puede gemir y gritar todo lo que quiera, pero nada puede cambiar la verdad de que ahora estás "en Cristo". En otras palabras, cuando Dios Padre te mira, ve a su hijo Jesús... ¡pero con tu personalidad, tus ojos, tu voz y tu cuerpo!

Puede que te veas a ti mismo como un cristiano débil, en medio de la lucha, que aparentemente no puede hacer las cosas bien. Debes verte a ti mismo como Dios te ve. Dios te ve como su hijo querido, santo y sin culpa, con todo lo que necesitas para caminar en victoria en vez de fracaso ¿Quién tiene razón? ¡Dios! En el fondo, ¡tu verdadera persona está en Cristo! ¡Eres perdonado, libre del poder del pecado, unido al único que tiene todo el poder!

En la Biblia, cuando encuentres una

→ **Verdad, ¡créela!**

→ **Promesa, ¡reclámala!**

→ **Orden, ¡obedécela!**

¡Créase o no!

"¿Qué concluiremos? ¿Vamos a persistir en el pecado para que la gracia abunde? ¡De ninguna manera! Nosotros, que hemos muerto al pecado, ¿cómo podemos seguir viviendo en él? ¿Acaso no saben ustedes que todos los que fuimos bautizados para unirnos con Cristo Jesús en realidad fuimos bautizados para participar en su muerte? Por tanto, mediante el bautismo fuimos sepultados con él en su muerte, a fin de que, así como Cristo resucitó por el poder del Padre, también nosotros llevemos una vida nueva.

En efecto, si hemos estado unidos con él en su muerte, sin duda también estaremos unidos con él en su resurrección. Sabemos que nuestra vieja naturaleza fue crucificada con él para que nuestro cuerpo pecaminoso perdiera su poder, de modo que ya no siguiéramos siendo esclavos del pecado, Porque el que muere queda liberado del pecado.

Ahora bien, si hemos muerto con Cristo, confiamos que también viviremos con él. Pues sabemos que Cristo, por haber sido levantado de entre los muertos, ya no puede volver a morir; la muerte ya no tiene dominio sobre él. En cuanto a su muerte, murió al pecado una vez y para siempre; en cuanto a su vida, vive para Dios.

De la misma manera, también ustedes considérense muertos al pecado, pero vivos para Dios en Cristo Jesús. Por lo tanto, no permitan ustedes que el pecado reine en su cuerpo mortal, ni obedezcan a sus malos deseos" (Romanos 6:1-12).

Prueba esto

Encuentra verdades, promesas y órdenes en los pasajes de arriba y márcalas:

V = Verdad   P = Promesa   O = Orden

La Biblia dice que ya estamos en Cristo. ¡Esto es cierto lo creamos o no! La Biblia menciona nuestra posición en Cristo en tiempo pasado.

No puedes hacer por ti mismo lo que Dios ya ha hecho por ti.

Dios dice que estamos unidos a Cristo de las siguientes maneras:

"He sido crucificado con Cristo, y ya no vivo yo, sino que Cristo vive en mí. Lo que ahora vivo en el cuerpo, lo vivo por la fe en el Hijo de Dios, quien me amó y dio su vida por mí".
Gálatas 2:20

En su muerte	Romanos 6:3; Gálatas 2:20; Colosenses 3:1-3
En su sepultura	Romanos 6:4
En su resurrección	Romanos 6:5, 8, 11
En su vida	Romanos 5:10-11
En su poder	Efesios 1:19-20
En su herencia	Romanos 8:16-17; Efesios 1:11-12
En su ascensión	Efesios 2:6

Verdad

"Pero Dios, que es rico en misericordia, por su gran amor por nosotros, nos dio vida con Cristo, aun cuando estábamos muertos en pecados. ¡Por gracia ustedes han sido salvados! Y en unión con Cristo Jesús, Dios nos resucitó y nos hizo sentar con él en las regiones celestiales..." (Efesios 2:4-6).

Anderson, N. T., y Park, D. (2001). The Bondage Breaker Youth Edition (pág. 52). Eugene OR: Harvest House Publishers. (Esta lista no se encuentra en la versión en español de este libro).

Lo que crees determina cómo te comportas, y cómo te comportas determina cómo te sientes.

Como personas, si tenemos comida, ropa y refugio, nos sentimos motivados por lo que creemos que nos hará felices. La manera en que completemos la afirmación *"Seré feliz si..."* es parte de nuestro sistema de creencias. Si nuestro sistema de creencias no es del todo correcto, nuestro comportamiento y nuestros sentimientos tampoco lo serán.

"En realidad, sin fe es imposible agradar a Dios, ya que cualquiera que se acerca a Dios tiene que creer que él existe y que recompensa a quienes lo buscan". Hebreos 11:6

Hebreos 11:6	Santiago 2:20	Juan 13:17
Creer ⟶	**Comportarse** ⟶	**Sentir**

La decisión es tuya

Debemos elegir creer que lo que Dios dice de nosotros es verdad.

Sigue siendo verdad tanto si lo **sentimos** como si no.

Sigue siendo verdad tanto si lo **vivimos** como si no. (Romanos 6:6-9)

"¡Qué tonto eres! ¿Quieres convencerte de que la fe sin obras es estéril?" Santiago 2:20

"¿Entienden esto? Dichosos serán si lo ponen en práctica". Juan 13:17

El orden en las Escrituras es primero **conocer** (mente), luego **ser** (afecto) y, por último, **hacer** (voluntad). Lo que primero necesitamos saber es la verdad (Juan 8:32).

"Si se mantienen fieles a mis enseñanzas, serán realmente mis discípulos; y conocerán la verdad, y la verdad los hará libres" (Juan 8:31-32).

Muy a menudo, nos sentimos incapaces de resistir la tentación. Entonces nos preguntamos si necesitamos alguna nueva experiencia con Dios o alguna bendición especial de él a fin de tener victoria sobre el pecado. Sin embargo, Dios ya nos ha dicho que estamos muertos al pecado y que ahora podemos decir "no" al pecado y "sí" a Dios.

En nuestro celo por corregir nuestro comportamiento, a veces salteamos la verdad (la doctrina de nuestra identidad en Cristo) y el importante proceso de internalizar la verdad (un profundo sentido de estar en Cristo), y vamos directo a lo práctico del "cómo hacerlo" de la vida. Pero si ignoramos el proceso bíblico de crecimiento, podemos caer fácilmente en legalismo o alguna forma alterada de comportamiento cristiano. Primero debemos establecer un sistema de creencias adecuado, basado en el carácter de Dios y en quiénes somos en Cristo. Si lo que crees no refleja la verdad, ¡entonces lo que sientes no refleja la realidad!

Lo que recibimos cuando estamos en Cristo:

Aceptación	Romanos 5:1, 8, 15, 17
Pertenencia	1 Corintios 6:17
Propósito	2 Corintios 5:17-18
Poder	Filipenses 4:13
Autoridad	Hechos 1:8
Sumisión	Romanos 13:1, 2
Provisión	Filipenses 4:19
Dirección	Romanos 8:14
Seguridad	Romanos 8:31
Importancia	Jaun 15:1,5
Paz	Gálatas 5:22
Libertad	Gálatas 5:1

Soy Hijo de Dios. Juan 1:12

Soy el amigo escogido de Jesús. Juan 15:15

Soy sal y luz para todos los que me rodean. Mateo 5:13,14

Soy santo y aceptado por Dios (justificado). Romanos 5:1

He sido redimido y perdonado de todos mis pecados. Colosenses 1:14

Estoy seguro de que Dios terminará la Buena obra que comenzó en mí. Filipenses 1:6

He sido comprado a un alto precio. Pertenezco a Dios. 1 Corintios 6:19-20

He sido adoptado como Hijo de Dios. Efesios 1:5

Soy libre de cualquier cargo de condena en mi contra. Romanos 8:1

Estoy unido al Señor y soy un espíritu con Él. 1 Corintios 6:17

Soy un ciudadano del Cielo junto con el resto de la familia de Dios. Efesios 2:19

Estoy unido de Dios y el malvado no puede tocarme. 1 Juan 5:18

Soy nacido de Dios y el malvado no puede tocarme. 1 Juan 5:18

Soy santo. Efesios 1:1

Soy libre de castigo. Romanos 8:1,2

Estoy seguro de que Dios me ha dado el trabajo de hacer las paces entre Él y los demás. 2 Corintios 5:18

Estoy en paz con Dios y Él me ha dado el trabajo de hacer las paces entre Él y los demás.

Soy un templo en donde vive el Espíritu Santo. 1 Corintios 3:16

No puedo ser separado del amor de Dios. Romanos 8:28

Soy el compañero de trabajo de Dios. 2 Corintios 6:1

Soy el proyecto en construcción de Dios, su mano de obra, creado para hacer Su trabajo. Efesios 2:10

Soy parte de la vid verdadera, unido a Cristo

Estoy sentado con Cristo en el Cielo. Efesios

Fui seleccionado con Cristo para dar frutos. Juan 15:16

Soy el compañero de la vid verdadera, unido a Cristo en el Cielo. Efesios

Estoy completo en Cristo. Colosenses 2:10

Recibirán poder y serán mis testigos. Hechos 1:8

y capaz de producir muchos frutos. Juan 15:1,5

Mi identidad en Cristo: soy aceptado

Juan 1:12	Soy hijo de Dios.
Juan 15:15	Soy el amigo elegido de Jesús.
Romanos 5:1	Soy santo y aceptable para Dios (justificado).
1 Corintios 3:16	Estoy unido al Señor y soy uno con él en Espíritu.
1 Corintios 6:19-20	He sido comprado por un precio, pertenezco a Dios.
1 Corintios 12:27	Soy parte del cuerpo de Cristo, parte de su familia.
Efesios 1:1	Soy santo.
Efesios 1:5	He sido adoptado como hijo de Dios.
Colosenses 1:14	He sido rescatado (redimido) y perdonado por todos mis pecados.
Colosenses 2:10	Estoy completo en Cristo.

Mi identidad en Cristo: estoy seguro

Romanos 8:1-2	Soy libre de castigo para siempre.
Romanos 8:28	Estoy seguro de que todas las cosas obran para bien.
Romanos 8:31	Soy libre de todos los cargos de condenación en mi contra.
Romanos 8:35	No se me puede separar del amor de Dios.
Colosenses 3:3	Estoy escondido con Cristo en Dios (Colosenses 3:3)
Filipenses 1:6	Estoy seguro de que la buena obra que Dios comenzó en mí será terminada.
Efesios 2:19	Soy ciudadano del cielo con el resto de la familia de Dios.
1 Juan 5:18	He nacido de Dios y el maligno no puede tocarme.

Mi identidad en Cristo: soy importante

Mateo 5:13-14	Soy sal y luz para todos los que me rodean.
Juan 15:1, 5	Soy parte de la vid verdadera, capaz de producir mucho fruto.
Juan 15:16	Jesús me escogió personalmente para que lleve fruto.
Hechos 1:8	Soy testigo de Cristo empoderado por el Espíritu.
1 Corintios 3:16; 6:19	Soy un templo donde habita Espíritu Santo.
2 Corintios 5:18	Estoy en paz con Dios y él me ha dado la tarea de buscar la paz entre él y otras personas.
2 Corintios 6:1	Soy colaborador de Dios.
Efesios 2:6	Estoy sentado con Cristo en el cielo.
Efesios 2:10	Soy el proyecto de Dios, creado para hacer su obra.
Filipenses 4:13	Puedo hacer todas las cosas por medio de Cristo, quien me fortalece.

Anderson, N. T., y Park, D. (1995). ¿Quién soy? En Emergiendo de la oscuridad, págs. 39-41. Miami, FL: Editorial Unilit.

1. ¿Qué dice Romanos 6:11 acerca de nuestra relación con el pecado ahora que estamos en Cristo?

2. ¿Qué significa estar "muerto al pecado"? Consulta Romanos 6:17.

3. Romanos 6:23 nos dice que la paga del pecado es muerte, pero ¿qué regalo nos da Dios si elegimos a Cristo como nuestro Salvador?

4. Según Romanos 8:39, ¿qué nos puede separar del amor de Dios ahora que estamos en Cristo? Una vez que has confiado en Cristo, ¿puedes incluso TÚ separarte de su amor?

5. Si hoy fueras a caminar "en Cristo" en vez de "en ti mismo", ¿qué sería distinto en tu día?

6. ¿De qué siete formas has sido unido a Cristo? (Consulta la página 26 si necesitas ayuda).

7. ¿Qué sucedió contigo cuando te hiciste hijo de Dios por la fe en Cristo? ¿De qué maneras te cambió Dios por dentro?

El amor EPIC del Padre

"Un hombre tenía dos hijos. El menor de ellos le dijo a su padre: 'Papá, dame lo que me toca de la herencia'" (Lucas 15:11-12).

	Este hijo:
Aceptación	era amado y aceptado incondicionalmente por el padre;
Pertenencia	era parte de una familia;
Propósito	tenía un propósito en el negocio familiar;
Poder	tenía la facultad de controlar la propiedad de su padre;
Autoridad	tenía el derecho de manejar los negocios de su padre;
Sumisión	podía hacer la voluntad del padre;
Provisión	tenía buena comida y un hogar cálido donde dormir;
Dirección	tenía la dirección, sabiduría y orientación de su padre;
Seguridad	no se tenía que preocupar por el futuro, su padre tenía suficiente;
Importancia	era el hijo del padre, y era una parte importante de la familia;
Paz	podía descansar tranquilo y vivir en paz bajo el cuidado del padre;
Libertad	era libre para hacer lo que sabía era correcto en nombre del padre.

El hijo rechazó el amor del padre, creyendo que este no le permitía alcanzar la verdadera libertad. El hijo exigía independencia. Así que el padre le dio su parte de la propiedad.

"Poco después el hijo menor juntó todo lo que tenía y se fue a un país lejano; allí vivió desenfrenadamente y derrochó su herencia. Cuando ya lo había gastado todo, sobrevino una gran escasez en la región, y él comenzó a pasar necesidad. Así que fue y consiguió empleo con un ciudadano de aquel país, quien lo mandó a sus campos a cuidar cerdos. Tanta hambre tenía que hubiera querido llenarse el estómago con la comida que daban a los cerdos, pero aun así nadie le daba nada" (Lucas 15:13-16).

Al rechazar su relación con su Padre, había perdido los beneficios de estar en su casa.

> **Toma nota**
> El enemigo viene a **robar**, **matar** y **destruir**, y su estrategia es conseguir que cuestionemos el amor del Padre. (Juan 10:10)

Finalmente, el hijo se dio cuenta de que la vida sin la comunión con el padre no era para nada buena.

"Por fin recapacitó y se dijo: '¡Cuántos jornaleros de mi padre tienen comida de sobra, y yo aquí me muero de hambre! Tengo que volver a mi padre y decirle: 'Papá, he pecado contra el cielo y contra ti. Ya no merezco que se me llame tu hijo; trátame como si fuera uno de tus jornaleros'. Así que emprendió el viaje y se fue a su padre" (Lucas 15:17-20).

Rechazó al padre y se alejó. Recién cuando su vida estuvo en ruinas comenzó a darse cuenta de que había sido engañado; había cometido un terrible error.

- Lo que era verdaderamente valioso había sido **robado**.
- La relación y comunión que debía tener para sobrevivir podía estar **muerta**.
- Su futuro podía estar **destruido**.

Pero ahora, su única esperanza de vida se encontraba justamente en quien había tratado con tanto desprecio. Estaba desesperado, no tenía a dónde ir. Aunque no podía esperar pertenecer de nuevo, dormir en su propia cama o llevar el nombre de la familia, quizás trabajar mucho le podría dar un poco de dinero para construir lo más parecido a una vida.

Así que se puso en camino a la casa de su padre.

El corazón del Padre

"Todavía estaba lejos cuando su padre lo vio y se compadeció de él; salió corriendo a su encuentro, lo abrazó y lo besó" (Lucas 15:20b).

Sin dudas, el hijo quedó impactado por este amor y abrazo inesperados. Luego le recordó a su padre lo que había hecho y lo que le dolía tanto.

"El joven le dijo: 'Papá, he pecado contra el cielo y contra ti. Ya no merezco que se me llame tu hijo'" (Lucas 15:21).

"Sin embargo, su padre dijo a los sirvientes: 'Rápido, Traigan la mejor túnica que haya en la casa y vístanlo. Consigan un anillo para su dedo y sandalias para sus pies. Maten el ternero que hemos engordado. Tenemos que celebrar con un banquete, Porque este hijo mío estaba muerto y ahora ha vuelto a la vida; estaba perdido y ahora ha sido encontrado'. Entonces comenzó la fiesta" (Lucas 15:22-24 NTV).

Cuando regresó a casa, el padre le hizo al hijo cuatro regalos:

1. Rápido, Traigan la mejor **túnica** que haya en la casa y vístanlo (Lucas 15:22, Romanos 4:7-8).

2. Pongan un **anillo** en su dedo (Lucas 15:22).

3. Pongan **sandalias** en sus pies (Lucas 15:22, Gálatas 4:3-7).

4. Traigan el ternero que hemos engordado... y **celebremos** (Lucas 15:23).

Túnica = **santidad y justificación**

Anillo = **autoridad**

Sandalias = **libertad**

Celebración = **comunión restaurada**

Regalos de identidad y libertad

El Padre anhela darnos a cada uno de nosotros estos mismos cuatro regalos cuando volvemos humildemente a una vida en correcta comunión con Él. Observa que todos ellos se relacionan con nuestra identidad o libertad en Cristo.

"Y ustedes no recibieron un espíritu que de nuevo los esclavice al miedo, sino el Espíritu que los adopta como hijos y les permite clamar: '¡Abba! ¡Padre!' El Espíritu mismo le asegura a nuestro espíritu que somos hijos de Dios" (Romanos 8:15-16).

"Lo mismo pasa con nosotros: cuando éramos menores de edad, estábamos sometidos a los poderes que dominan este mundo. Pero cuando se cumplió el tiempo, Dios envió a su Hijo, que nació de una mujer, sometido a la ley de Moisés, para rescatarnos a los que estábamos bajo esa ley y concedernos gozar de los derechos de hijos de Dios" (Gálatas 4:3-5, DHH).

Mi identidad en Cristo

Tarea

- Soy la sal de la tierra (Mateo 5:13).
- Soy la luz del mundo (Mateo 5:14).
- Soy hijo de Dios (Juan 1:12).
- Soy parte de la vid, y la vida de Cristo fluye a través de mí (Juan 15:1, 5).
- Soy amigo de Cristo (Juan 15:5).
- Cristo me eligió para llevar fruto (Juan 15:16).
- Soy testigo personal de Cristo, enviado para contarles a todos sobre él (Hechos 1:8).
- Soy esclavo de Dios, quien me hace santo y me da vida eterna (Romanos 6:22).
- Soy hijo de Dios; puedo llamarlo mi Padre (Romanos 8:14-15; Gálatas 3:26; 4:6).
- Soy coheredero con Cristo; heredo su gloria (Romanos 8:17).
- Soy templo (un lugar para habitar) de Dios. Su Espíritu y su vida viven en mí (1 Corintios 3:16; 6:19).
- Estoy unido al Señor para siempre, y soy uno con él en Espíritu (1 Corintios 6:17).
- Soy parte del cuerpo de Cristo (1 Corintios 12:27).
- Soy una persona nueva. Mi pasado es perdonado y todo es nuevo (2 Corintios 5:17).
- Estoy en paz con Dios y él me ha dado la tarea de ayudar a otros a encontrar paz con él (2 Corintios 5:18-19).
- Soy hijo de Dios y recibiré la herencia que él prometió (Gálatas 4:6-7).
- Soy santo (Efesios 1:1; Filipenses 1:1; Colosenses 1:2).
- Soy ciudadano del cielo, sentado en el cielo ahora mismo (Efesios 2:6; Filipenses 3:20).
- Soy el proyecto de Dios, creado en Cristo para hacer su obra (Efesios 2:10).
- Soy ciudadano del cielo con toda la familia de Dios (Efesios 2:19).
- Soy prisionero de Cristo para poder ayudar a otras personas (Efesios 3:1; 4:1).
- Soy justo y santo (Efesios 4:24).
- Estoy escondido con Cristo en Dios (Colosenses 3:3).
- Soy una expresión de la vida de Cristo, porque él es mi vida (Colosenses 3:4).
- Soy escogido de Dios, santo y muy amado (Colosenses 3:12; 1 Tesalonicenses 1:4).
- Soy hijo de luz y no de oscuridad (1 Tesalonicenses 5:5).
- Soy escogido para compartir el llamado celestial de Dios (Hebreos 3:1).
- Soy parte de Cristo, tengo parte en su vida (Hebreos 3:14).
- Soy una de las piedras vivas de Dios; estoy edificado en Cristo como una casa espiritual (1 Pedro 2:5).
- Soy miembro de una raza escogida, linaje real, nación santa, pueblo que pertenece a Dios (1 Pedro 2:9-10).
- Soy solo un visitante en este mundo, en el que vivo temporalmente (1 Pedro 2:11).
- Soy enemigo del diablo (1 Pedro 5:8).
- Soy hijo de Dios y seré como Cristo cuando Él regrese (1 Juan 3:1-2).
- He nacido de nuevo en Cristo, y el Maligno (el diablo) no puede tocarme (1 Juan 5:18).
- No soy el gran "Yo Soy" (Éxodo 3:14, Juan 8:24, 28, 58), pero por la gracia de Dios, soy lo que soy (1 Colosenses 15:10).

Anderson, N. T., y Park, D. (1995). ¿Quién soy? En Emergiendo de la oscuridad, págs. 39-41. Miami, FL: Editorial Unilit.

Ahora que estoy en Cristo

- Soy aceptable ante Dios (justificado) y completamente perdonado. Vivo en paz con Él (Romanos 5:1).

- La persona pecadora que solía ser murió con Cristo, y el pecado ya no gobierna mi vida (Romanos 6:1-7).

- Estoy libre del castigo (condenación) que mi pecado merece (Romanos 8:1).

- Estoy en Cristo por obra de Dios (1 Corintios 1:30).

- He recibido el Espíritu de Dios en mi vida. Puedo reconocer las bendiciones que él me ha dado (1 Corintios 2:12). ¡

- He recibido la mente de Cristo. Él me da sabiduría para tomar decisiones correctas (1 Corintios 2:16). ¡

- He sido comprado por un precio; no soy mi propio dueño, pertenezco a Dios (1 Corintios 6:19-20).

- Soy posesión de Dios, escogido y seguro (sellado) en él. He recibido el Espíritu Santo como una promesa de la herencia que tendré (2 Corintios 1:21-22; Efesios 1:13-14).

- Ahora que he muerto, ya no vivo para mí mismo, sino para Cristo (2 Corintios 5:14-15).

- He sido hecho aceptable ante Dios (justificado) (2 Corintios 5:21).

- He sido bendecido con toda bendición espiritual (Efesios 1:3).

- Fui elegido en Cristo para ser santo antes de la creación del mundo. No tengo culpa delante de Él (Efesios 1:4).

- Fui elegido por Dios (predestinado) para ser adoptado como su hijo (Efesios 1:5).

- He sido sacado de la esclavitud del pecado (redimido) y perdonado (Efesios 1:6-7).

- He recibido su generosa gracia (Efesios 1:7-8).

- Estoy vivo espiritualmente, tal como Cristo está vivo (Efesios 2:5).

- He sido levantado y estoy sentado con Cristo en el cielo (Efesios 2:6).

- Tengo acceso directo a Dios por medio del Espíritu (Efesios 2:18).

- Puedo acercarme a Dios con valentía, libertad y confianza (Efesios 3:12).

Anderson, N. T., y Park, D. (1995) Puesto que yo soy en Cristo, en Emergiendo de la oscuridad, págs. 50-52. (Traducciones editadas para este manual). Miami, FL: Editorial Unilit.

1. ¿Alguna vez te has sentido como un hijo pródigo? ¿De qué maneras te has alejado del Padre?

2. ¿Te sorprendió que Dios te estuviera esperando con brazos abiertos cuando regresaste a Él?

3. El enemigo tiene una estrategia, ¿qué tres cosas hace, que quiere hacer con cada creyente en Cristo? (Consulta la sección "Toma nota" en la página 31). ¿Cómo ha intentado atacarte el enemigo?

4. El padre le hizo cuatro regalos al hijo: ¿cuáles eran y cuál es su significado espiritual?

    1.

    2.

    3.

    4.

5. Has sido justificado en Cristo por tu unión a él. Identifica las maneras o los grados a los cuales Dios nos hace justos:

    2 Corintios 5:21

    1 Corintios 6:11

    Hebreos 10:14

    Colosenses 1:12

6. ¿Cómo te sientes luego de repasar esos versículos?

7. Lee Romanos 12:1. En respuesta a los buenos regalos que Dios te ha hecho, ¿cómo puedes ofrecerte hoy como un "sacrificio vivo" a Él?

LIBERTAD
EPIC

Declaración contra el enemigo

Decláralo en voz alta

Por el poder y la sangre del Señor Jesucristo, yo ordeno, no sugiero, ordeno a todo espíritu de mal que intente influenciarme, a mi mente, o a mi cuerpo, que abandone mi presencia. Yo soy hijo del Dios Altísimo y mi mente es mía, un lugar tranquilo solo para mí y para Dios. Soy libre para escuchar la voz de Dios y caminar en libertad.

Oración de sumisión a Dios

Ora en voz alta

Querido Padre celestial, sé que tú estás aquí conmigo ahora y presente en mi vida. Creo que solo tú eres todopoderoso. Me acerco a ti y te pido que tú te acerques a mí. Te pido que me hables; no quiero oír palabras de hombre, quiero oírte a ti. Te pido que protejas mis pensamientos y mi mente, me llenes de tu Espíritu Santo y me guíes a toda la verdad. Muéstrame cómo caminar libre hoy. Oro en el nombre de Jesús, amén.

Un camino de fe EPIC

Definición de fe

Fe significa depositar toda la confianza en alguien o en algo.

¿Qué significa la verdadera fe?

La vida cristiana es un camino de fe. *"Vivimos por fe, no por vista"* (2 Corintios 5:7).

Es necesaria:

- para la salvación (Efesios 2:8-9);
- para nuestro crecimiento espiritual (Colosenses 2:7);
- para el ministerio (1 Timoteo 1:12; 2 Timoteo 2:2).

Por lo tanto, es esencial que nosotros como cristianos comprendamos lo que es la verdadera fe.

La fe requiere un objeto (Hebreos 11:6)

- Todos vivimos y funcionamos por fe.
- La principal diferencia entre el cristiano y el no cristiano es el objeto de su fe.
- Jesús es el único objeto confiable de nuestra fe (Juan 14:6).

"Yo soy el camino, la verdad y la vida —le contestó Jesús—. Nadie llega al Padre sino por mí".
Juan 14:6

Cada persona ha recibido una medida de fe (Romanos 12:3)

- Si has confiado en Cristo como tu Salvador, ya has manifestado el mayor acto de fe.
- Si piensas que te falta fe, indaga en la Palabra de Dios (Romanos 10:17).
- Un poco de fe puede llegar muy lejos: una semilla de mostaza puede mover una montaña (Mateo 17:20).

La fe analiza los hechos

- Profecías que prueban que Jesús es el Mesías.
- Pruebas de evidencia bíblica: ¡puedes confiar en la Biblia!
- La vida, muerte y resurrección de Jesús.

La fe no es ciega

Nunca se insistirá lo suficiente en la importancia de la profecía. Hemos enumerado 40 profecías en el Apéndice C, pero hay muchas más. Estas profecías son específicas. Por ejemplo, Miqueas 5:2 dice que el Mesías nacería en Belén. Malaquías 3:1 dice que será antecedido por un precursor.

En un artículo de Peter Stoner, director del Departamento de Matemáticas y Astronomía del Pasadena College, se analiza la posibilidad matemática de que un hombre cumpla tan solo ocho de las más de 300 profecías sobre la venida del Mesías. Descubrió que había una posibilidad entre 10^{17} o 1,000,000,000,000,000,000 de que un hombre pudiera cumplir las ocho. Stoner dice que, si añadimos otras 8, la probabilidad es ahora de 1 entre 10^{45}. (Stoner, 1958)*. Puesto que Jesús sí las cumplió, la profecía demuestra que Jesucristo es, de hecho, el Mesías. Sin embargo, aún debemos responder de forma individual y recibirlo como salvador por fe.

Consulta el Apéndice C para obtener más evidencia, datos y potenciadores de la fe.

*"Así que la fe viene como resultado de oír el mensaje, y el mensaje que se oye es la palabra de Cristo"
Romanos 10:17*

La fe en Dios crece a medida que lo conocemos mejor (Romanos 10:17)

- A menudo, Dios te pondrá en situaciones en las que podrás aprender a confiar en él.
- ¡No dejes que se desarrollen pensamientos en contra de Dios!
- No permitas que tu fe se debilite.
- Considera el ejemplo del semáforo.

La verdadera fe resulta en acciones

"Hermanos míos, ¿de qué puede servir que alguien diga que tiene fe si no hace el bien? ¿Lo podrá salvar esa clase de fe? Supongamos que un hermano o hermana tiene necesidad de vestido o comida. Llega uno de ustedes y le dice: '¡Que Dios lo bendiga, Abríguese y aliméntese! Sin embargo, si no le da lo que realmente necesita en ese momento, ¿de qué sirve? De la misma manera, si la fe no está acompañada de hechos, así sola está muerta.

Pero alguien puede decir: 'Unos tienen fe, otros hacen buenas obras'.

Mi respuesta es que tú no puedes demostrarme que tienes fe si no haces nada. En cambio, Yo te demuestro mi fe con las buenas obras que hago" (Santiago 2:14-18, PDT).

---

* Stoner, P and Newman, R. (Versión en línea, noviembre de 2005). *Science Speaks*, edición en línea. http://sciencespeaks.dstoner.net/index.html#c0

Tarea.

1. Todas las personas viven por la fe en algo o alguien. ¿Cuál es el objeto de tu fe? ¿Es confiable? ¿Por qué sí o por qué no?

2. Repasa la definición de "fe". Dilo con tus propias palabras. Completa esta oración: "Mi fe en Dios crece cuando…"

3. ¿Por qué las profecías son tan convincentes cuando se trata de poner tu confianza en Jesús como Mesías?

4. ¿Qué profecía acerca de Jesús te sorprende más a ti, personalmente? (Consulta el Apéndice C).

5. ¿Cómo sabemos que podemos confiar en la Biblia y estar seguros de que no ha sido alterada? (Consulta el Apéndice C).

6. ¿Crees que los discípulos habrían muerto por causa de Cristo si hubieran sabido que en realidad estaba muerto y no había resucitado? Explícalo. ¿Quiénes vieron a Jesús después de su muerte en la cruz? (Consulta Mateo 28, Marcos 16, Lucas 24, Juan 20-21, Hechos 9:1-9, 1 Corintios 15:3-8).

7. ¿Cuál es la verdad más importante que aprendiste en este mensaje?

La batalla por la mente

"Pues aunque vivimos en el mundo, no libramos batallas como lo hace el mundo. Las armas con que luchamos no son del mundo, sino que tienen el poder divino para derribar fortalezas. Destruimos argumentos y toda altivez que se levanta contra el conocimiento de Dios, y llevamos cautivo todo pensamiento para que se someta a Cristo" (2 Corintios 10:3-5).

Definición de fortalezas

Las fortalezas son patrones destructivos de pensamiento grabados en nuestras mentes con el paso del tiempo o por la intensidad de experiencias traumáticas.

Sería bueno que las fortalezas en nuestra mente fueran simplemente el resultado de toda la basura que dejábamos entrar en nuestros cerebros a medida que crecíamos. "Entra la basura, sale la basura".

Si fuera así, todo lo necesario sería reprogramarnos con el estudio de la Biblia, buena consejería y más educación. Por supuesto, esas tres cosas representan aspectos muy importantes en la destrucción de fortalezas, pero hay más. Tenemos un enemigo espiritual (el diablo) que actúa como un "virus" de computadora y trata de estropear todo el trabajo.

Presta atención a los siguientes versículos:

Verdad

"Cuando llegó a la región de Cesarea de Filipo, Jesús preguntó a sus discípulos: —¿Quién dice la gente que es el Hijo del hombre? Le respondieron: —Unos dicen que es Juan el Bautista, otros que Elías, y otros que Jeremías o uno de los profetas. —Y ustedes, ¿quién dicen que soy yo? —Tú eres el Cristo, el Hijo del Dios viviente —afirmó Simón Pedro. — Dichoso tú, Simón, hijo de Jonás —le dijo Jesús—, porque eso no te lo reveló ningún mortal, sino mi Padre que está en el cielo" (Mateo 16:13-17).

"Desde entonces comenzó Jesús a advertir a sus discípulos que tenía que ir a Jerusalén y sufrir muchas cosas a manos de los ancianos, de los jefes de los sacerdotes y de los maestros de la ley, y que era necesario que lo mataran y que al tercer día resucitara. Pedro lo llevó aparte y comenzó a reprenderlo: —¡De ninguna manera, Señor! ¡Esto no te sucederá jamás! Jesús se volvió y le dijo a Pedro: —¡Aléjate de mí, Satanás!" (Mateo 16:21-23a).

Satanás puede poner pensamientos en nuestras mentes (Mateo 16)

¿Cómo lo hace? ¿Se sienta en frente nuestro y dice: "David, esto es lo que quiero que hagas..."? ¿Creemos que el rey David habría censado a Israel si hubiera pensado que era idea de Satanás (1 Crónicas 21:1)? ¡Claro que no! Esta idea venía de David... **¡o al menos eso pensó él!**

El punto es que Satanás es capaz de poner un pensamiento en nuestras mentes en primera persona del singular. ¡Realmente creemos que el pensamiento viene de nosotros mismos! Por eso, es necesario que llevemos todo pensamiento cautivo en obediencia a Cristo (2 Corintios 10:5).

➤ *"Llegó la hora de la cena. El diablo ya había incitado a Judas Iscariote, hijo de Simón, para que traicionara a Jesús"* (Juan 13:2).

➤ *"Ananías —le reclamó Pedro—, ¿cómo es posible que Satanás haya llenado tu corazón para que le mintieras al Espíritu Santo y te quedaras con parte del dinero que recibiste por el terreno?"* (Hechos 5:3).

➤ *"Satanás conspiró contra Israel e indujo a David a hacer un censo del pueblo"* (1 Crónicas 21:1).

Cómo comprender nuestros pensamientos

Pablo nos exhorta a llevar todo pensamiento *(noema)* cautivo en obediencia a Cristo.

Dado que nada tiene significado fuera de contexto, ¿cómo usa Pablo la palabra noema en su carta?

• "Maquinaciones" *(noema)*: la falta de perdón es uno de los mayores accesos de Satanás a la iglesia.

  ... si algo he perdonado, por vosotros lo he hecho en presencia de Cristo, para que Satanás no gane ventaja alguna sobre nosotros; pues no ignoramos sus maquinaciones (2 Corintios 2:10-11, RV60).

• "Mente" *(noema)*: Satanás ciega las mentes de los incrédulos.

  El dios de este mundo ha cegado la mente de estos incrédulos, para que no vean la luz del glorioso evangelio de Cristo, el cual es la imagen de Dios (2 Corintios 4:4).

• "Pensamientos" *(noema)*: mantener nuestro enfoque en Cristo.

  Pero me temo que, así como la serpiente con su astucia engañó a Eva, los pensamientos de ustedes sean desviados de un compromiso puro y sincero con Cristo (2 Corintios 11:3).

"Destruimos argumentos y toda altivez que se levanta contra el conocimiento de Dios y llevamos cautivo todo pensamiento para que se someta a Cristo"
2 Corintios 10:5

Recuerda

Las **fortalezas** son patrones destructivos de pensamiento grabados en nuestras mentes con el paso del tiempo o por la intensidad de experiencias traumáticas. ¡También puedes desarrollar fortalezas divinas! Pídele al Señor que revele a tu mente cualquier hábito o fortaleza destructivos. Jesús es el que rompe las cadenas. Él puede derribar cualquier cosa que se interponga entre tú y él, y lo hará.

Cómo derribar fortalezas

Estos son excelentes pasajes para memorizar y empezar a derribar fortalezas destructivas y reemplazarlas con verdades

- Sé transformado mediante la renovación de tu mente (Romanos 12:2).
- Estudia las Escrituras (2 Timoteo 2:15).
- Deja que la paz de Cristo gobierne tu corazón (Colosenses 3:15-16).
- Prepara tu mente para la acción (1 Pedro 1:13). Mantén tu mente activa y enfocada externamente.
- Vuélvete a Dios (Filipenses 4:6-7).
- Escoge pensar la verdad (Filipenses 4:8).
- Rechaza los pensamientos que te alejan de Dios y concéntrate en Cristo (Hebreos 12:1-20).
- Estate atento a Su voz (Juan 10:27-28).

Los estudios demuestran que es más fácil dejar un hábito cuando se tiene otro con el cual sustituirlo*.

La decisión es nuestra

- Actuamos según nuestras decisiones.
- Las acciones "del camino ancho" repetidas se vuelven malos hábitos.
- Nuestros malos hábitos se vuelven fortalezas.

*Shortsleeved, C. (28 de agosto de 2018), *5 Science-Approved Ways to Break a Bad Habit*. Extraído de https://time.com/5373528/break-bad-habit-science/zx

1. Da dos ejemplos bíblicos donde Satanás haya puesto pensamientos en la mente de un creyente. En cada caso, ¿qué crees que Satanás quería conseguir específicamente con estos pensamientos?

2. ¿Por qué Satanás querría plantar un pensamiento en tu mente?

3. ¿Por qué es tan importante llevar todo pensamiento cautivo?

4. Completa las siguientes oraciones:
   Cuando el enemigo pone pensamientos en mi mente, yo...

   Para derribar fortalezas en mi vida tengo que…

5. ¿Qué decisión positiva necesito tomar durante las próximas seis semanas, para así desarrollar un hábito piadoso?

6. ¿Cuál es la verdad más importante que aprendiste en este mensaje?

Derriba fortalezas

Hábitos y fortalezas

Cuando se forman un hábito y una fortaleza, perdemos nuestra libertad.

Evento desencadenante (de nuestro entorno)

- Breve (situaciones, lugares, imágenes, etc.)
- Continuo (familia, amigos, trabajo, vecindario, etc.)

"Ustedes no han sufrido ninguna tentación que no sea común al género humano. Pero Dios es fiel, y no permitirá que ustedes sean tentados más allá de lo que puedan aguantar. Más bien, cuando llegue la tentación, él les dará también una salida a fin de que puedan resistir".

1 Corintios 10:13

1. Tentación (1 Corintios 10:13)

La tentación comienza con un pensamiento plantado como una semilla, que básicamente es: "Puedes satisfacer tus necesidades en el mundo, la carne o el diablo". La raíz de toda tentación es hacer que el cristiano viva independientemente de Dios. Mantenemos el dominio propio cuando ponemos nuestros pensamientos bajo control en el límite de la percepción.

Las personas no se moldean por el entorno, sino por su percepción del entorno. No son los acontecimientos de la vida lo que determina quiénes somos, sino cómo los interpretamos. La tendencia es creer que ciertos acontecimientos detonantes son lo que determina cómo actuamos y nos sentimos.

"¡Me hizo enojar tanto!" "¿Qué esperabas que hiciera en esa situación?" Afirmaciones como esas implican: "No puedo controlar mis emociones ni mi voluntad".

Evento desencadenante	→	Interpretación del evento	→	Respuesta emocional

En realidad, tenemos muy poco control sobre nuestras emociones, si es que tenemos alguno, pero sí tenemos control sobre nuestra manera de pensar, y nuestros pensamientos determinan nuestros sentimientos.

2. Consideración

La fe es el camino de Dios, y la razón, el camino del hombre. No es que la fe sea irracional, porque Dios es un Dios racional y sí obra por medio de nuestra razón. El problema es que la capacidad de razonamiento del hombre es limitada. *"Confía en el Señor de todo corazón, y no en tu propia inteligencia"* (Proverbios 3:5). Consciente o inconscientemente hacemos dos planes en nuestras mentes.

El plan A es el camino de Dios, que aceptamos por fe. La fuerza del plan A depende de dos cosas: (1) cuán convencida esté la persona de que el camino de Dios es el correcto, y (2) cuán comprometida esté a obedecer a Dios.

El plan B es razonamiento humano, la tendencia del hombre a racionalizar. La fuerza del plan B se determina por la cantidad de tiempo que uno piensa en cosas que van en contra de la Palabra de Dios. A menudo, el plan B es una "ruta de escape" bien pensada por si el plan A falla.

El mayor punto de indecisión es cuando los dos planes tienen casi la misma fuerza. Un ejemplo de este tipo de pensamiento es un cónyuge que ya no está seguro de que su matrimonio funcione. Entonces, esta persona comienza a formular el plan B, solo por si acaso. El proceso siempre comienza con un pensamiento plantado como una semilla, que provoca cambios en el comportamiento. Un cónyuge, por ejemplo, puede guardar dinero en una cuenta bancaria aparte con el fin de sobrevivir en caso de que llegue el divorcio. Desafortunadamente, la posibilidad del divorcio aumenta con cada medida tomada en función del plan B. Proverbios 23:7 (RVR) dice: *"Porque cual es su pensamiento en su corazón, tal es él"*.

3. Decisión

¿Elijo el plan A o el plan B? ¿Elijo el camino estrecho o el ancho?

4. Acción

Las decisiones llevan a las acciones.

5. Hábito

Las acciones repetidas forman hábitos.

6. Fortalezas

Las fortalezas son patrones mentales de pensamiento grabados en nuestras mentes con el paso del tiempo o por la intensidad de experiencias traumáticas. Las fortalezas se manifiestan en temperamentos poco parecidos al de Cristo. Con frecuencia, la persona no reconoce estos patrones de comportamiento, y si lo hace, rara vez los entiende como una elección: *"Y qué si soy una persona insensible, ¡yo soy así!"*

Las fortalezas se manifiestan como rasgos y acciones que no son propias de Dios. Por ejemplo, observa el diagrama a continuación

Necesidad legítima: aceptación o importancia

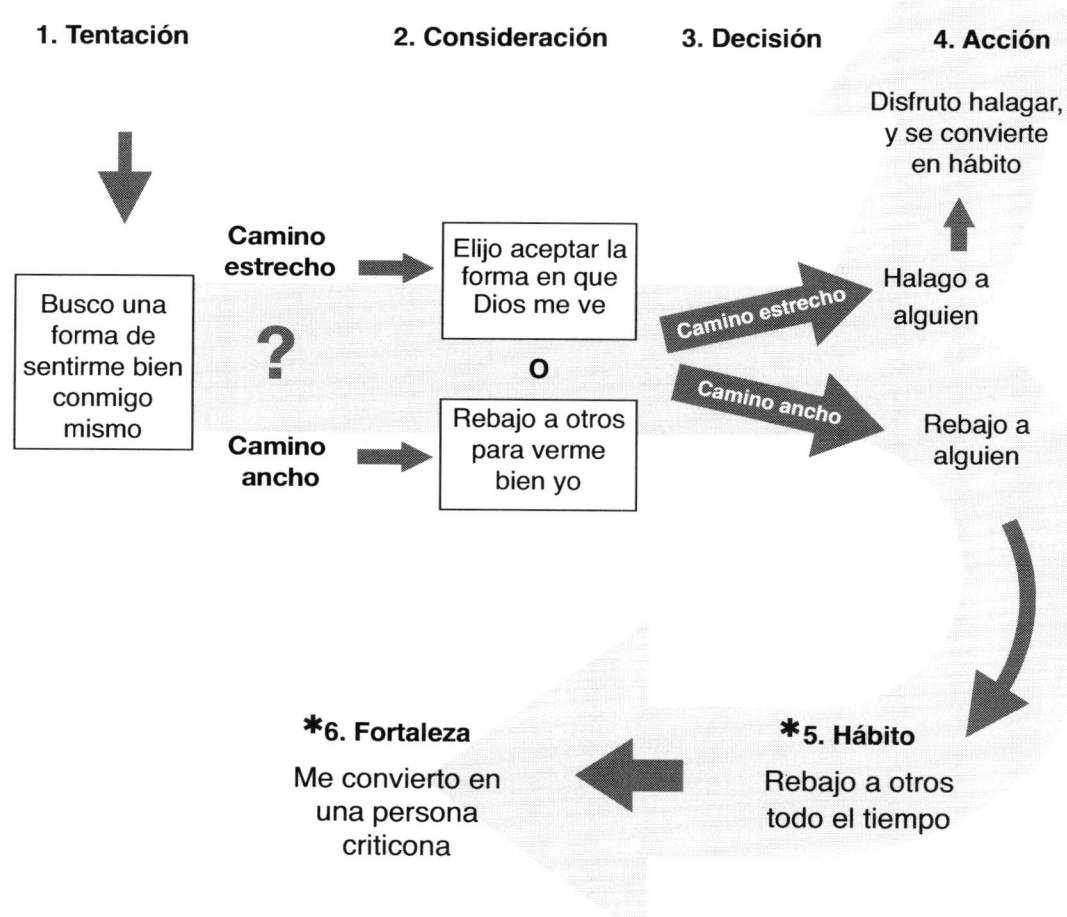

1. Tentación   **2. Consideración**   **3. Decisión**   **4. Acción**

Disfruto halagar, y se convierte en hábito

Busco una forma de sentirme bien conmigo mismo

Camino estrecho → Elijo aceptar la forma en que Dios me ve

?

O

Camino ancho → Rebajo a otros para verme bien yo

Camino estrecho → Halago a alguien

Camino ancho → Rebajo a alguien

*6. Fortaleza
Me convierto en una persona criticona

*5. Hábito
Rebajo a otros todo el tiempo

*Se pierde la libertad

Derriba fortalezas: las seis R

1. **Revelación:** pídele al el Espíritu que te revelare las cosas de las que necesitas arrepentirte.

   Pero, cuando venga el Espíritu de la verdad, él los guiará a toda la verdad (Juan 16:13).

   Lee también Juan 8:32.

2. **Reconocimiento:** confiesa el pecado.

   Si confesamos nuestros pecados, Dios, que es fiel y justo, nos los perdonará y nos limpiará de toda maldad (1 Juan 1:9).

   Lee también 2 Corintios 7:10.

3. **Recibimiento:** recibe el perdón que Dios promete.

   Por tanto, para que sean borrados sus pecados, arrepiéntanse y vuélvanse a Dios, a fin de que vengan tiempos de descanso de parte del Señor (Hechos 3:19).

   Lee también 1 Juan 1:9.

4. **Renuncia:** renuncia a la mentira.

   Quien encubre su pecado jamás prospera; quien lo confiesa y lo deja halla perdón (Proverbios 28:13).

   Lee también 2 Corintios 4:2.

5. **Resistencia:** resiste al enemigo.

   Así que sométanse a Dios. Resistan al diablo, y él huirá de ustedes (Santiago 4:7).

6. **Renovación:** renueva tu mente con la Palabra de Dios.

   No se amolden al mundo actual, sino sean transformados mediante la renovación de su mente. Así podrán comprobar cuál es la voluntad de Dios, buena, agradable y perfecta (Romanos 12:2).

   Lee también Juan 8:32; Salmos 119:160; 2 Timoteo 2:15; Colosenses 3:15-16

¡Para descubrir una mentira debes conocer la verdad!

El Espíritu te guía hacia la verdad.

La libertad como estilo de vida

El enemigo buscará mantenerte en esclavitud o hacerte retroceder de cualquier manera que pueda. Llevar "cautivo todo pensamiento" es un buen hábito que conviene desarrollar. Si surge un pensamiento que parece no encajar con lo que sabes del carácter de Dios o de su palabra, pídele al Espíritu que te revele la verdad. Si Él revela que es mentira, recházala y reemplázala con la verdad que conoces de la Palabra.

Los veinte: puedo triunfar

1. ¿Por qué decir que no puedo si la Biblia dice que
   puedo hacer todas las cosas en Cristo que me fortalece? (Filipenses 4:13).

2. ¿Por qué afligirme por mis necesidades si sé que
   Dios suplirá todas mis necesidades de acuerdo con sus riquezas en gloria en Cristo Jesús?
   (Filipenses 4:19).

3. ¿Por qué temer si la Biblia dice que
   Dios no me ha dado un espíritu de temor sino de poder, amor y dominio propio?
   (2 Timoteo 1:7).

4. ¿Por qué tener poca fe para vivir para Cristo cuando
   Dios me ha dado mucha fe? (Romanos 12:3).

5. ¿Por qué ser débil si la Biblia dice que
   el Señor es la fuerza de mi vida y que yo seré fuerte y haré cosas porque conozco a Dios?
   (Salmo 27:1; Daniel 11:32).

6. ¿Por qué dejar que Satanás controle mi vida, si
   Aquel que está en mí es mayor que aquel que está en el mundo? (1 Juan 4:4).

7. ¿Por qué aceptar la derrota si la Biblia dice que
   Dios siempre me lleva en victoria? (2 Corintios 2:14).

8. ¿Por qué carecer de sabiduría si
   *Cristo se hizo sabiduría de Dios para mí (1 Corintios 1:30) y Dios generosamente me da
   sabiduría si se la pido?* (Santiago 1:5).

9. ¿Por qué estaré deprimido si puedo recordar el amor, la compasión y la fidelidad de Dios y
   tener esperanza:
   *"El gran amor del Señor nunca se acaba, y su compasión jamás se agota. Cada mañana se
   renuevan sus bondades; ¡muy grande es su fidelidad!"?* (Lamentaciones 3:21-23).

10. ¿Por qué afligirme y alterarme cuando puedo
    depositar toda mi ansiedad en Cristo que se preocupa por mí? (1 Pedro 5:7).

11. ¿Por qué seguir esclavizado si sé que
    hay libertad donde está el Espíritu del Señor (2 Corintios 3:17)
    y *Cristo me libertó para que viva en libertad?* (Gálatas 5:1).

12. ¿Por qué sentirme condenado si la Biblia dice que
    no soy condenado porque estoy en Cristo? (Romanos 8:1).

13. ¿Por qué sentirme solo si Jesús dijo que
    él está conmigo siempre hasta el fin del mundo y que nunca me dejará ni me abandonará?
    (Mateo 28:20; Hebreos 13:5).

Los veinte: puedo triunfar (continuación)

14.¿Por qué sentirme maldecido o que tengo mala suerte si la Biblia dice que
Cristo me redimió de la maldición de la ley para que pudiera recibir su Espíritu?
(Gálatas 3:13-14).

15.¿Por qué estar disconforme si yo, igual que Pablo, puedo
aprender a estar contento en toda clase de situaciones? (Filipenses 4:11).

16.¿Por qué sentirme sin valor si
Cristo se hizo pecado por mí para que yo pudiera llegar a ser la rectitud de Dios en él?
(2 Corintios 5:21).

17.¿Por qué sentirme perseguido y atacado sabiendo que
nadie puede estar en mi contra si Dios está conmigo? (Romanos 8:31).

18.¿Por qué andar confundido si
Dios es el autor de la paz y él me da conocimiento por medio de su Espíritu que habita en mí
(1 Corintios 2:12) *y Dios no es un Dios de desorden, sino de paz?* (1 Corintios 14:33).

19.¿Por qué sentirme fracasado si
soy vencedor en todas las cosas por medio de Cristo? (Romanos 8:37).

20.¿Por qué permitir que las presiones de la vida me molesten si puedo cobrar valor por saber que
Jesús ha vencido al mundo y sus tribulaciones? (Juan 16:33).

Anderson, N. T., y Park, D. (1995). Los veinte: puedo triunfar, en *Emergiendo de la oscuridad*,
págs. 101-102 (editado para este manual). Miami, FL: Editorial Unilit.

1. ¿Cuál es el verdadero arrepentimiento del que habla la Biblia?

2. Lee 2 Corintios 7:10 y 1 Juan 1:9. ¿Qué papel desempeña la confesión en el verdadero arrepentimiento?

3. ¿Por qué el arrepentimiento no es suficiente para derribar una fortaleza?

4. Lee Proverbios 28:13. ¿Cuál es la diferencia entre la confesión y la renuncia?

5. ¿Cómo renuevas tu mente? ¿Qué papel desempeña la Palabra de Dios?

6. Lee Colosenses 3:15-16. ¿Qué nos dicen estos versículos que hagamos con la Palabra de Dios?

7. ¿Cómo resistimos al enemigo? Lee Santiago 4:7.

8. ¿Cuál es la mayor fortaleza en tu vida? ¿Qué fortaleza positiva te gustaría desarrollar en tu vida?

Perdona de corázon

¿Por qué perdonamos?

Dios exige el perdón

"... y perdónanos nuestras deudas, como también nosotros hemos perdonado a nuestros deudores" (Mateo 6:12).

"Abandonen toda amargura, ira y enojo, gritos y calumnias, y toda forma de malicia. Más bien, sean bondadosos y compasivos unos con otros, y perdónense mutuamente, así como Dios los perdonó a ustedes en Cristo" (Efesios 4:31-32).

El llamado

> Dios nos ha perdonado nuestros pecados, así que nosotros también tenemos el honor (y la responsabilidad) de perdonar a quienes pecan contra nosotros.

El perdón es fundamental para nuestra libertad

"Pedro se acercó a Jesús y le preguntó: 'Señor, ¿cuántas veces tengo que perdonar a mi hermano que peca contra mí? ¿Hasta siete veces?' 'No te digo que hasta siete veces, sino hasta setenta y siete veces', le contestó Jesús.

'Por eso el reino de los cielos se parece a un rey que quiso ajustar cuentas con sus siervos. Al comenzar a hacerlo, se le presentó uno que le debía miles y miles de monedas de oro. Como él no tenía con qué pagar, el señor mandó que lo vendieran a él, a su esposa y a sus hijos, y todo lo que tenía, para así saldar la deuda. El siervo se postró delante de él. 'Tenga paciencia conmigo —le rogó—, y se lo pagaré todo'. El señor se compadeció de su siervo, le perdonó la deuda y lo dejó en libertad.

Al salir, aquel siervo se encontró con uno de sus compañeros que le debía cien monedas de plata. Lo agarró por el cuello y comenzó a estrangularlo. '¡Págame lo que me debes!', le exigió. Su compañero se postró delante de él. 'Ten paciencia conmigo —le rogó—, y te lo pagaré'. Pero él se negó. Más bien fue y lo hizo meter en la cárcel hasta que pagara la deuda. Cuando los demás siervos vieron lo ocurrido, se entristecieron mucho y fueron a contarle a su señor todo lo que había sucedido.

Entonces el señor mandó llamar al siervo. '¡Siervo malvado! —le increpó—. Te perdoné toda aquella deuda porque me lo suplicaste. ¿No debías tú también haberte compadecido de tu compañero, así como yo me compadecí de ti?' Y enojado, su señor lo entregó a los carceleros para que lo torturaran hasta que pagara todo lo que debía. Así también mi Padre celestial los tratará a ustedes, a menos que cada uno perdone de corazón a su hermano" (Mateo 18:21-35).

Para perdonar de corazón debemos:

- comprender el tamaño de nuestra deuda con Dios.

- darnos cuenta de que pagar a Dios es imposible.

- comprender nuestra necesidad de la misericordia de Dios.

- escoger perdonar para evitar la disciplina de Dios.

No perdonamos a alguien solo por su bien; lo hacemos por nosotros, para que podamos ser libres. Si no los perdonamos y los liberamos de la deuda que tienen con nosotros, estaremos atados a ellos y a nuestro dolor. Podemos detener el dolor y ganar libertad mediante el perdón.

Tu necesidad de perdonar no es un asunto entre tú y la persona que te hirió, es entre tú y Dios.

La falta de perdón y la amargura son puertas abiertas al enemigo que aprovechará cualquier medio posible para distanciarnos de nuestro Padre y evitar que caminemos en libertad (2 Corintios 2:10-11). Recuerda la historia de Jonás.

Lo que el perdón es y lo que no es:

- **Perdonar NO es justificar el pecado.** Perdonar no es justificar el acto de injusticia, ni decir que no nos dañaron o hirieron.

- **Perdonar NO es olvidar.** Dios dice que él no recordará más nuestros pecados (Hebreos 10:17). Pero Dios sabe todo, y no puede olvidar. "No recordar más nuestros pecados" significa que Dios nunca usará nuestros pecados en nuestra contra (Salmo 103:12). Quizá no puedas olvidar las heridas y el dolor del pasado, pero puedes ser libre de ellos

- **Perdonar ES una decisión y un acto de amor.** Quizás sintamos que es imposible perdonar a alguien, pero como Dios nos pide que perdonemos, es algo que podemos hacer. Dios nunca nos pediría que hagamos algo que no podemos hacer. No esperamos a nuestros sentimientos para perdonar; perdonamos al decidir perdonar (Efesios 4:30-32).

- **Perdonar ES elegir no vengarse.** Perdonar es elegir liberar al ofensor del pago de la deuda que tiene con nosotros. Pero Dios nos dice que nunca nos venguemos por nuestra cuenta (Romanos 12:19). "¿Por qué debería dejarlos libres de culpa?" Nos preguntamos. Cuando perdonamos, nosotros los dejamos libres de culpa, pero Dios no. Solo Él es digno de ser su juez. Él los tratará con justicia, algo que nosotros no podemos hacer.

- **Perdonar ES buscar la justicia en la cruz de Cristo.** Perdonar nos cuesta algo. Pagamos un precio por la herida que perdonamos. Vamos a vivir con las consecuencias del pecado de la otra persona, ya sea que lo queramos o no. Nuestra decisión es si vamos a vivir con ellas en la atadura del rencor o la libertad del perdón.

Una historia sobre el perdón

Una de las historias más inspiradoras sobre el perdón es la de Corrie ten Boom. Corrie era una cristiana nacida en Dinamarca, a quien los nazis golpearon, humillaron y metieron presa en un campo de concentración durante la Segunda Guerra Mundial. Después de la guerra, volvió a Alemania a predicar las buenas nuevas del perdón de Dios.

Hacia el final de una reunión en 1947, el mensaje de perdón de Corrie pasó por una prueba difícil. Mientras la gente salía de la iglesia, un hombre se le acercó para hablarle. Ella lo reconoció inmediatamente como uno de los guardias de la prisión. Pensó en su látigo y su uniforme con la calavera y los huesos en su gorro. Se acordó de la vergüenza de caminar desnuda frente a él, junto con miles de prisioneras. Recordó la muerte lenta y terrible de su hermana allí. Se le heló la sangre.

Corrie intentó evitar hablarle, esperando que no se acordara de ella, pero él se presentó como el guardia del campo donde ella había estado. Le dijo: "Desde aquel tiempo me he hecho cristiano; sé que Dios me ha perdonado por las crueldades que hice allí". Luego estiró su mano. "¿Me perdonas tú?"

Ella se quedó allí parada con el corazón estrujado por la frialdad. No quería perdonarlo. No tenía ganas de perdonarlo. Sin embargo, sabía que el perdón es un acto voluntario, no una emoción. "Jesús, ¡ayúdame! —oró en silencio—. Puedo extender mi mano. Eso es todo lo que puedo hacer. Tú envíame el sentimiento".

Estiró el brazo para tomar su mano casi mecánicamente. En el momento en que sus manos se entrelazaron, una calidez sanadora pareció inundar todo su ser, y con lágrimas en sus ojos exclamó: "¡Te perdono, hermano! ¡Con todo mi corazón!"

El exguardia y la exprisionera estrecharon sus manos por largos instantes. El perdón había sanado las heridas del pasado.

Adaptado de un fragmento de la Editorial "Good News", Westchester, Illinois. (Esta historia también figura en el libro Emergiendo de la oscuridad, de Neil Anderson y Dave Park).

Pasos para perdonar

1. Ora y pídele a Dios que te revele las personas a las que tienes que perdonar.

2. Escribe una lista de todos estos nombres en una hoja de papel, que incluya quizás a mamá, papá, a ti mismo, etc.

3. Admite el dolor y el odio que puedas haber sentido.

4. Decide que soportarás las consecuencias de sus pecados y no los tomarás en su contra en el futuro.

5. Acepta la muerte de Cristo como pago completo por su pecado (Romanos 5:17-18).

6. Deja que Dios resuelva el pecado de ellos como a él le parezca (Romanos 12:19).

7. Toma la decisión de perdonar.

8. Haz una oración de bendición.

Haz ambas oraciones sobre cada persona que el Espíritu te revele que debes perdonar.

Oración de perdón

Señor, decido perdonar a (nombra a la persona) por (nombra específicamente todas sus ofensas y los recuerdos dolorosos que vienen a tu mente), que me hizo sentir (menciona los sentimientos de dolor). Señor, tú me perdonas, así que decido perdonar a (nombra a la persona). En el nombre de Jesús, amén.

Oración de bendición

Señor Jesús, decido quitar de raíz toda amargura y resentimiento que tengo hacia (nombra a la persona) y te pido que la bendigas con crecimiento espiritual, salud física, relaciones afectivas y la provisión de todo lo bueno que necesite. Que experimente la misma identidad y libertad en Cristo que yo he encontrado. Oro en el nombre de Jesús, amén

1. ¿Por qué es tan importante perdonar? Da todas las razones que se te ocurran

2. ¿Cuál de las afirmaciones en la sección "Lo que el perdón es y lo que no es" (pág. 54) te cuesta más comprender o creer?

3. ¿Te cuesta perdonar a aquellos que te han herido? ¿Por qué crees que a veces es tan difícil?

4. ¿Cómo te hizo sentir la historia de Corrie ten Boom? ¿Qué hay en su historia que pueda ayudarte a perdonar a otros que te han herido profundamente?

5. Dios dice que vengarse está mal. ¿Por qué nos prohíbe hacerlo?

6. ¿Cuál es la verdad más importante que aprendiste en este mensaje?

La voz de Dios en el desierto

"Recuerda que durante cuarenta años el Señor tu Dios te llevó por todo el camino del desierto, y te humilló y te puso a prueba para conocer lo que había en tu corazón y ver si cumplirías o no sus mandamientos" (Deuteronomio 8:2).

La voz de Dios en el desierto

- Dios habla.

- Dios te ha puesto en el entorno en el que mejor lo puedes escuchar.

- Permite que el desierto traiga quebrantamiento y rendición.

- Más allá de la salvación, Dios quiere que experimentes libertad, por lo que quiere revelarte lo que hay en tu corazón

¿Cómo sabes que estás en un desierto?

El desierto es caluroso, incómodo, desconocido y nada parece saciar tu sed.

- De repente, estás incómodo.

- Todo ha cambiado: tus viejas costumbres no sirven.

- Nada calma tu sed.

¿Por qué vagaron?

El viaje les debería haber llevado 6 semanas; en su lugar, les llevó 40 años.

"Ante ese espectáculo de truenos y relámpagos, de sonidos de trompeta y de la montaña envuelta en humo, los israelitas temblaban de miedo y se mantenían a distancia. Así que le suplicaron a Moisés: 'Háblanos tú, y te escucharemos. Si Dios nos habla, seguramente moriremos'. 'No tengan miedo —les respondió Moisés—. Dios ha venido a ponerlos a prueba, para que sientan temor de él y no pequen" (Éxodo 20:18-20).

Dios no quería que tuviéramos una relación distante con él. Desea que nuestra relación sea íntima y personal. Dios nos permite vagar (a nivel físico, mental y moral) para que podamos aprender a escuchar su voz.

Vagar: palabra hebrea (ta'ah).

Significado: errar, deambular, descarriarse, tambalearse

(Qal) - errar

- caminar sin rumbo fijo *(a nivel físico)*
- debido a la intoxicación
- debido al pecado *(a nivel moral)*
- vagar *(referido a la mente)*

(Nifal)

- hacer deambular, hacer tambalearse a alguien *(borracho)*
- descarriarse *(a nivel moral)*

(Hiphal)

- hacer caminar sin rumbo fijo *(a nivel físico)*
- hacer deambular *(debido a la intoxicación)*
- hacer andar errante, engañar *(a nivel mental y moral)*

El texto hebreo nos recuerda, con estos términos concretos, que vagaban tanto física como moral y mentalmente.

Contexto

En Deuteronomio 6:4-5 se les presenta a los hijos de Israel la forma en que Dios quería que oraran o, lo que es más importante, cómo quería que lo escucharan.

Esta oración se llama "shemá", que significa "escuchar". Es la palabra hebrea que inicia la oración más importante del judaísmo. Esta oración comienza con la orden de "oír para obedecer".

El shemá

Escucha, Israel: El Señor nuestro Dios es el único Señor. Ama al Señor tu Dios con todo tu corazón y con toda tu alma y con todas tus fuerzas. Grábate en el corazón estas palabras que hoy te mando. Incúlcaselas continuamente a tus hijos. Háblales de ellas cuando estés en tu casa y cuando vayas por el camino, cuando te acuestes y cuando te levantes. Átalas a tus manos como un signo; llévalas en tu frente como una marca; escríbelas en los postes de tu casa y en los portones de tus ciudades.

- Los hijos de Israel fueron liberados de la esclavitud de Egipto (salvados), pero todavía no escuchaban la voz de Dios de modo personal. No estaban experimentando intimidad con Dios.

- Dios puede enviarnos al desierto para humillarnos y crear quebrantamiento y rendición en nuestros corazones.

- Los hijos de Israel vagaron durante 40 años, pero se negaron a dejar que Dios les mostrara lo que había en sus corazones. Esa generación murió; solo Josué y Caleb entraron en la tierra prometida (Números 32:13).

- Debemos descubrir lo que hay en nuestros corazones, tanto el pecado como las intenciones santas.

- No podemos descubrir lo que hay en nuestros corazones por medio de la autorrevelación o el examen personal; debemos tener un encuentro con Dios. Únicamente mediante una relación divina o el escuchar su voz podemos descubrir realmente lo que hay en nuestro corazón y caminar en libertad.

Un importante juego de palabras en hebreo:

La palabra en hebreo para desierto (*midbar*) viene de la palabra en hebreo para hablar (*dabar*).

1696. דָּבַר   **dabar** (180b); raíz principal; hablar[1]

4057b. מִדְבָּר   **midbar** (184d); de la 1696; desierto (257), desértico (11), desiertos (1)[2]

- La palabra para desierto en hebreo se pronuncia "*midbar*".

- La palabra para hablar en hebreo se pronuncia "*midabar*"[3].

- Dios nos conduce, nos humilla y nos pone a prueba en el desierto (*midbar*) para poder hablarnos (*midabar*).

- "*Midbar*" o desierto aparece casi 300 veces en la Biblia. ¡Las experiencias en el desierto eran y son frecuentes!

Oseas 2:14

> "Por eso, ahora voy a seducirla: me la llevaré al desierto y le hablaré con ternura".

"Ahora bien, sabemos que Dios dispone todas las cosas para el bien de quienes lo aman, los que han sido llamados de acuerdo con su propósito".
Romanos 8:28

Dios no quiere llevarte al desierto para darte una paliza o un sermón espiritual; quiere atraerte a un lugar y una posición en la que puedas escuchar su voz. Cuando Dios te lleva al desierto, te habla con ternura y te muestra lo que hay en tu corazón (tu sistema de creencias). Deuteronomio 8:2 nos ayuda a lidiar con cada una de las preguntas difíciles de "por qué" que hemos tenido en nuestras vidas.

- ¿Por qué se divorciaron mis padres?

- ¿Por qué perdí a mi hijo?

- ¿Por qué murió mi ser querido?

- ¿Por qué Dios parece tan distante?

Aunque Dios no es siempre responsable de las cosas malas de nuestra vida, siempre las utiliza.

[1] Thomas, Robert L. (1998). New American Standard Hebrew-Aramaic and Greek Dictionaries: Edición actualizada. Anaheim: Foundation Publications, Inc.

[2] Ibid.

[3] One for Israel. 2016. God Speaks in the Wilderness. Extraído de <https://www.oneforisrael.org/bibleteachings/insights-from-hebrew/a-voice-in-the-desert/> One for Israel, (15 de mayo de 2016).

¡Dios desea mostrarnos lo que hay en nuestros corazones, tanto lo bueno como lo malo! ¿Lo dejarás hablar o seguirás vagando? La decisión es tuya y de nadie más. Dios no te forzará. Puede que te ponga en el desierto *(midbar)*, el lugar perfecto para que lo escuches, pero no te obligará a escucharlo hablar *(midabar)* para mostrarte lo que hay en tu corazón.

- ¿Quieres experimentar solo escapar de tu esclavitud (Egipto), o deseas encontrar la verdadera intimidad con Dios?

- Dios no solo quiere que veas lo que hay en tu corazón; también quiere mostrarte lo que hay en el suyo.

- Dios quiere mostrarte sus promesas.

Próximo paso:

Cuando hagas la Jornada de oración del Señor en la siguiente sección de este manual, deja que Dios te hable y te muestre lo que hay en tu corazón. Esto te permite caminar en tu nueva identidad como hijo de Dios y experimentar la libertad que se encuentra en Cristo.

- Invita a Dios a hablarte: su palabra y su Espíritu te revelarán lo que hay en tu corazón.

- Escucha para obedecer: prepárate para seguir sus caminos, aunque sean caminos nuevos.

- No escuches solo una vez, sino que, al igual que la oración del shemá, haz que sea una práctica diaria.

1. Describe un momento en el que hayas estado en el "desierto" o te hayas sentido como si estuvieras vagando.

2. ¿Oíste la voz de Dios en ese desierto? ¿Qué te dijo?

3. Si no escuchaste a Dios, ¿crees que fue porque no te estaba hablando o porque tú no estabas escuchando?

4. ¿Qué aprendimos de Oseas 2:14 sobre cómo nos habla Dios?

5. Tómate un tiempo y pídele a Dios que te hable ahora sobre una experiencia actual o pasada en el desierto. A él le gusta hablar con sus hijos.

   ¿Qué te está revelando Dios sobre las cosas ocultas en tu corazón?

   ¿Qué te ha mostrado Dios sobre Su corazón?

JORNADA

EPIC

Introducción

En la Jornada de oración EPIC, estarás siguiendo el modelo de oración de Cristo, de la forma en que aparece en Mateo 6:9-13, conocido como el padrenuestro o la oración del Señor. Usarás la verdad y los principios bíblicos que él delineó en esta oración como una guía para ayudarte a experimentar la victoria completa que Jesús les prometió a sus hijos.

Esta Jornada de oración y el padrenuestro no son fórmulas o métodos de consejería enlatados que te liberan. Cristo te libera. Una gran paz y victoria personal serán el resultado de elegir creer, confesar, declarar, perdonar y renunciar a todo lo que el Espíritu Santo revele. La libertad solo se consigue renunciando a la mentira y eligiendo la verdad. Aunque nadie puede renunciar a las mentiras o elegir la verdad por ti, te recomendamos firmemente que un cristiano maduro (un amigo de confianza, un pastor, un consejero, etc.) esté contigo mientras emprendes esta jornada, para apoyarte y animarte.

Es posible que en algún momento vengan a tu mente pensamientos destructivos que intenten hacerte dejar de orar. No los escuches. Son simples mentiras del enemigo, destinadas a hacer que te rindas y vuelvas a tu vieja manera de vivir. Recuerda que Satanás solo será vencido si lo enfrentas en voz alta. Él no tiene que obedecer tus pensamientos. Solo Dios sabe perfectamente lo que sucede en tu mente. Si experimentas cualquier tipo de resistencia, detente y usa tu autoridad en Cristo. Dile al enemigo que abandone tu presencia. Haz también en voz alta todas las oraciones de los recuadros. Aunque Dios escuche tus oraciones silenciosas, orar en voz alta es poderoso y aumenta la confianza en que estás inmerso en una verdadera transformación espiritual. Así que encuentra un lugar privado donde puedas orar a Dios y resistir al enemigo con voz audible.

Hoy, es como si estuvieras sentado a los pies de Jesús y orando como él les enseñó a sus discípulos. Estás a punto de pasar un tiempo profundo y minucioso en meditación y oración. Cada una de las 10 peticiones de oración te ayudará a saber qué hacer o cómo orar. Si un pecado o mentira específicos no se aplica a tu vida, simplemente pasa de sección. No obstante, avanza despacio y ten cuidado de no engañarte y pasar por alto un asunto por el que necesitas orar para lograr una victoria espiritual. Dale permiso al Espíritu Santo para que identifique CUALQUIER punto ciego que puedas tener. Por último, no te pierdas en cadenas de pensamientos. Concéntrate en lo que la Palabra de Dios te dice que creas y ores.

Oramos para que Dios se te revele de una manera poderosa, para que experimentes su gran amor por ti, para que puedas salir limpio y perdonado, y para que experimentes verdadera libertad en tu vida cristiana.

¡Bienvenido a la jornada!

Comienza la Jornada EPIC con esta declaración y esta oración

Decláralo en voz alta

Por el poder y la sangre del Señor Jesucristo, yo ordeno, no sugiero, ordeno a todo espíritu de mal que intente influenciarme, a mi mente, o a mi cuerpo, que abandone mi presencia. Yo soy hijo del Dios Altísimo y mi mente es mía, un lugar tranquilo solo para mí y para Dios. Soy libre para escuchar la voz de Dios orar como Jesús nos mandó a orar.

Sométete a Dios en voz alta

Querido Padre celestial, sé que tú estás aquí conmigo ahora. Creo que solo tú eres omnisciente, omnipotente y omnipresente. Declaro que te necesito y que sin ti no puedo hacer nada. La Biblia es tu palabra; está inspirada por Dios y me dice lo que es verdad. Me niego a creer las mentiras de Satanás. Me reafirmo en la verdad de que toda autoridad en el cielo y en la tierra le ha sido dada a Cristo resucitado. Te pido que protejas mis pensamientos y mi mente, me llenes de tu Espíritu Santo y me guíes a toda la verdad. Así que, con confianza, hago esta oración:

Padre nuestro que estás en el cielo, santificado sea tu nombre. Venga tu reino. Hágase tu voluntad en la tierra como en el cielo. Danos hoy nuestro pan cotidiano. Y perdónanos nuestras deudas, como también nosotros hemos perdonado a nuestros deudores. Y no nos dejes caer en tentación, sino líbranos del maligno. Porque tuyo es el reino, el poder y la gloria, por todos los siglos. Amén (Mateo 6:9-13).

 # Tienes un Abba Padre

"Padre nuestro que estás en el cielo"

Jesús vino a mostrarnos al Padre y hacer posible una relación con él. Cuando Jesús les mostró a sus discípulos cómo orar, comenzó diciendo "Padre nuestro". Dios, antes de todo, es padre (Romanos 8:15-16; Gálatas 4:4-7). Entender la naturaleza paternal de Dios y su carácter es esencial si te propones amar a Dios y aceptar su amor hacia ti. La primera petición o pedido de Dios es que lo puedas conocer personalmente como "Abba Padre". "Abba" en arameo significa "papito", esa manera cercana e íntima de referirse al padre de uno. Dios se mostró a sí mismo como el padre que dio a su único hijo para que muriera por ti (Juan 3:16). Si no eliminas toda idea equivocada que tengas acerca del Padre, esto obstaculizará tu adoración, tu confianza, tu oración y tu rendición a él. Dios quiere que lo recibas como tu Padre amoroso y pases tiempo con él y su Palabra.

Muchas personas luchan con la idea de Dios como un Padre celestial amoroso, porque la relación con su padre terrenal está o ha estado dañada. Si tu padre terrenal abusó de ti o te abandonó, si era emocionalmente distante o simplemente era difícil relacionarse con él, puede que te sea bastante difícil confiar en tu Padre celestial. Dios creó la familia para reflejar la realidad celestial de nuestra relación con él. Lamentablemente, las familias y los padres son imperfectos, y de alguna forma no viven según el propósito de Dios. Él, sin embargo, es perfecto, y no tenemos que trasladar nuestra visión de padre terrenal a nuestro amoroso Padre celestial. Destruye todo pensamiento o sentimiento negativo hacia Dios. Por ejemplo, "Si eres un Dios bueno, ¿por qué mis padres se divorciaron?" o "Dios, si me amas, ¿por qué no me rescataste de (alguna tragedia)?"

Las siguientes oraciones están pensadas para ayudarte a experimentar una relación plena con tu "Abba" Padre y a que seas libre para permanecer en él en comunión. Comienza esta petición orando en voz alta de esta forma:

"Pero Dios demuestra su amor por nosotros en esto: en que cuando todavía éramos pecadores, Cristo murió por nosotros".
Romanos 5:8

Querido Padre celestial:

Confieso que no siempre me he sentido cerca de ti ni he experimentado una relación personal íntima contigo. Ahora me doy cuenta de que te he mantenido a distancia, aunque tus brazos siempre estuvieron abiertos para mí (Romanos 5:8). Deseo tener una estrecha relación de "Abba" Padre contigo. Tú dices que soy tu hijo amado (Romanos 8:15-16), no importa lo que me digan mis sentimientos. Elijo creerte a ti y a tu palabra. Tú has dicho: *"Mira que estoy a la puerta y llamo. Si alguno oye mi voz y abre la puerta, entraré, y cenaré con él, y él conmigo"* (Apocalipsis 3:20). Padre, hoy te abro la puerta de mi corazón. Por favor, revela a mi mente cualquier mentira que haya creído sobre ti o cualquier pensamiento que haya tenido en tu contra. Oro en el nombre de Jesús, amén.

Considera en oración las siguientes listas y marca cada cosa que Dios te revele como mentiras o pensamientos que hayas tenido en contra de él. Luego de revisar cada lista de verificación, usa la oración en el recuadro de abajo para confesar tus pensamientos, exponer las mentiras que has creído y anunciar la verdad acerca de tu "Abba Padre".

La percepción de mi Padre celestial

He creído las siguientes mentiras:

_____ Dios es distante, remoto e inalcanzable.

_____ Dios es indiferente a mis problemas y necesidades

_____ Dios es insensible e indiferente hacia mí.

_____ Dios es frío y duro conmigo y mis necesidades.

_____ Dios es estricto y exigente con mi comportamiento.

_____ Dios no me ve como especial o importante para él.

_____ Dios favorece a otros creyentes más que a mí.

_____ Dios está ausente y demasiado ocupado para mí.

_____ Dios no está satisfecho conmigo, no importa lo que haga.

_____ Dios está enojado conmigo y quiere juzgarme.

_____ Dios es malo, vengativo, violento y, a veces, injusto

_____ Dios intenta quitar toda la alegría y la paz de mi vida.

_____ Dios es controlador y manipulador.

_____ Dios es crítico y no me tolera ni a mí ni a mi pecado

_____ Dios es exigente y siempre trata de encontrar mis defectos.

_____ Otras mentiras sobre Dios Padre que he creído (anótalas):

Querido Padre celestial:

Renuncio a la mentira de que eres _____ y declaro que me amas y me cuidas y siempre haces lo que es mejor para mí. Oro en el nombre de Jesús, amén.

La relación con mi "Abba" Padre

No he visto a Dios:

_____ como el Padre perfecto que siempre he deseado.

_____como papito "Abba", o Papá-Dios, ni he recibido su afecto paternal amoroso

_____ como un Padre absolutamente fiel, en el que puedo confiar.

_____ como un Papá generoso, dadivoso.

_____ como un Padre tolerante, ni he descansado seguro en él.

_____ como un papá presente que me presta especial atención.

_____ Otras maneras incorrectas en que he visto a Dios _____

Abba Padre: ——————————————————————

Confieso que no te he conocido ni he confiado en ti como _____
y renuncio a esta fea mentira. Declaro que tú eres mi Padre amoroso y
bondadoso. Oro en el nombre de Jesús, amén.

Ríndete a Dios Padre

No me he rendido ante los siguientes aspectos de Dios:

_____ Su autoridad paternal y dulce como Dios Padre.

_____ Su guía y paternidad.

_____ Su fuerza, ni he aceptado que estoy seguro en las manos de mi Padre.

_____ Su derecho a ser mi Padre por la sangre de Jesucristo

_____ Otros: _____.

Papá Dios: ——————————————————————

Confieso que no me he rendido a ti al no ver tu_____.
Me rindo a ti y a tu gran amor ahora, y te recibo como Dios, mi Padre.
Oro en el nombre de Jesús, amén.

Declaración del corazón del Padre

Tu padre celestial te conoce desde antes que nacieras (Salmos 139:13-16) y siempre te ha amado. Tiene grandes planes para ti (Jeremías 29:11). Ahora prepárate para proclamar con voz audible la verdad acerca de tu gran Padre. Si tienes algún problema con alguna declaración o no la puedes decir de todo corazón, detente y busca la cita que se menciona.

Creo que mi Padre celestial:
- ❖ me ama con amor eterno (Jeremías 31:3);
- ❖ me amó y me eligió antes de la fundación del mundo (Efesios 1:4-6);
- ❖ me acepta total e incondicionalmente y me ama tal como soy (Efesios 1:4-6);
- ❖ no dejará que nada me separe de su amor (Romanos 8:35-39);
- ❖ nunca me abandonará, ni me dejará ni me desamparará (Hebreos 13:5).

Creo que mi Padre celestial:
- ❖ es mi "Abba" Padre, Papito, Papá Dios, y que soy su hijo amado (Gálatas 4:4-7);
- ❖ me ha dado una herencia especial y me ha hecho coheredero con su hijo Jesús (Romanos 8:16-17);
- ❖ solo quiere lo que me conviene y lo que es mejor para mí (2 Tesalonicenses 1:11);
- ❖ solo me disciplina con amor y justicia (Hebreos 12:6-11);
- ❖ me recoge en sus brazos de amor y me sostiene toda la vida (Isaías 40:11).

Creo que mi Padre celestial:
- ❖ es completamente estable y no cambia (Hebreos 13:8);
- ❖ es completamente confiable y responsable (Isaías 12:2);
- ❖ nunca me mentirá (Hebreos 6:18) y cumple todas sus promesas (2 Pedro 1:4);
- ❖ nunca me fallará ni dejará de satisfacer mis necesidades (Salmos 89:33-34);
- ❖ conoce todas mis necesidades (Mateo 6:8) y las suplirá conforme a sus riquezas en Cristo (Filipenses 4:19).

Creo que mi Padre celestial
- ❖ es mi redentor y salvador, quien pagó el precio para rescatarme de mi vida anterior de pecado (Isaías 63:16);
- ❖ no recuerda mis pecados e iniquidades, ni elige usarlas en mi contra (Hebreos 8:12);
- ❖ me da paz y no quiere que esté ansioso ni preocupado por nada (Filipenses 4:7);
- ❖ lleva todas mis cargas porque se preocupa por mí (1 Pedro 5:7);
- ❖ me justificará (Salmos 7:8) y tomará venganza por mí, para que pueda descansar con paz (Hebreos 10:30);
- ❖ me da descanso (Mateo 11:28-30) y me da nuevas fuerzas cuando estoy cansado y agobiado (Salmos 119:107).

Creo que mi Padre celestial:
- ❖ me ha bendecido con toda bendición espiritual en los lugares celestiales (Efesios 3:17);
- ❖ me sobreabunda con su gracia (Efesios 1:7-8);
- ❖ se regocija en mí con grande alegría y canto (Sofonías 3:17);
- ❖ me honra y me aprecia (Isaías 43:3) y se deleita en hacerme suyo (1 Samuel 12:22);
- ❖ me guarda del mal (1 Pedro 2:25);
- ❖ se deleita en mí (Salmos 149:4).

La estrategia de Satanás desde el principio ha sido poner en duda la bondad de nuestro Padre celestial (Génesis 3:1-5). No te sorprendas cuando resurjan emociones negativas y mentiras contra Dios Padre. En su lugar, responde rápidamente en el poder del Espíritu Santo rechazando cada mentira y reemplazándola con la verdad sobre el corazón paternal de Dios.

Mis experiencias de vida y mi visión de Dios Padre

Las siguientes preguntas están pensadas para ayudarte a tomar conciencia de cualquier pensamiento en contra de Dios al que puedas estar aferrándote:

¿Alguna vez estuviste enojado con Dios? ¿Por qué? ¿Qué sucedió para que te sintieras así?

¿Amas a Jesús y al Espíritu Santo, pero eres indiferente a Dios el Padre?

¿Alguna vez te sentiste abandonado por Dios, o sentiste que te falló?

A veces tendemos a ver a nuestro Padre celestial según nuestra percepción de nuestro padre terrenal. ¿Cómo ha afectado tu padre terrenal a tu visión actual de Dios el Padre?

¿Puedes traer a tu mente alguna ocasión en la que Dios te haya bendecido, o te sientes dejado de lado o hasta maldito?

¿Sientes que otros cristianos tienen una mejor relación con Dios que tú?

¿En algún momento sientes que Dios el Padre es un juez condenador y que no perdona?

¿Sientes culpa y condenación cuando piensas en Dios el Padre?

¿Alguna vez has maldecido a Dios de lo enojado que estabas, o le diste la espalda?

Una vez que hayas pensado y orado en profundidad sobre estas preguntas, confiesa y renuncia a cada punto o pensamiento que te haya provocado una visión falsa de Dios. Haz la siguiente oración en voz alta para ayudarte a destruir cada argumento en contra de Dios y llévalo cautivo.

"Destruimos argumentos y toda altivez que se levanta contra el conocimiento de Dios, y llevamos cautivo todo pensamiento para que se someta a Cristo" (2 Corintios 10:5).

Querido Padre:

Confieso que he creído mentiras del enemigo acerca de ti y he tenido malos pensamientos en contra tuya, mi amoroso Padre celestial. Sé que nunca podré estar cerca de ti si me aferro a pensamientos destructivos en tu contra. Así que ahora decido derribar toda mentira que me aleje de ti y llevar cautivo todo pensamiento en obediencia a Cristo. Ahora mismo renuncio específicamente a la mentira que he creído de que tú eres_____.
Gracias porque en Cristo soy perdonado. Oro en el nombre de Jesús, amén.

Ahora, vuelve a la lista de la página 69 y proclama en voz alta cualquier verdad sobre tu Padre celestial que esté directamente en contra de las mentiras que acabas de derribar. Cada vez que surjan pensamientos contra tu Padre Celestial, confiésalos y renuncia a ellos, y acuérdate de su bondad.

◆2 La correcta adoración a Dios
"Santificado sea tu nombre"

Dios es santo

La palabra "santificado" significa "santo". Aunque hay cientos de nombres de Dios en la Biblia, Jesús nos recuerda que debemos identificar a Dios con una característica dominante de su ser: su santidad. Dios es, ha sido y siempre será santo (Apocalipsis 4:8). Ser santo es ser sagrado y estar apartado (santificado). Salmos 145:21 dice: "¡Prorrumpa mi boca en alabanzas al Señor! ¡Alabe todo el mundo su santo nombre, por siempre y para siempre!" Jesús te pide que declares la santidad de Dios el Padre como un acto de adoración.

Cuando Jesús ora: "Santificado sea tu nombre", nos recuerda que Dios y solo Dios es digno de nuestra adoración. El verbo "adorar" viene del latín "adorare", y la palabra tenía por objeto reconocer el valor del objeto de adoración. El valor de Dios Padre es incomparable; nada ni nadie puede ocupar su lugar. Al principio de su ministerio en la tierra, Jesús pasó cuarenta días en el desierto ayunando. Después fue tentado por Satanás. "De nuevo lo tentó el diablo, llevándolo a una montaña muy alta, y le mostró todos los reinos del mundo y su esplendor. —Todo esto te daré si te postras y me adoras. — ¡Vete, Satanás! —le dijo Jesús—. Porque escrito está: 'Adora al Señor tu Dios y sírvele solamente a él'" (Mateo 4:8-10). Jesús se refería a Deuteronomio 6:14-15, donde dice: "No sigas a esos dioses de los pueblos que te rodean, pues el Señor tu Dios está contigo y es un Dios celoso..."

¿Qué es lo más importante y especial para ti en la vida? Siempre que ponemos nuestro amor, nuestra devoción y nuestra confianza en otra persona o cosa, estamos teniendo un dios o un objeto de adoración falso. La Biblia dice: "Huyan de la idolatría" (1 Corintios 10:14). Idolatría es tener un dios o un objeto de adoración falso. Un ídolo puede ser una persona, el dinero, un objeto preciado, un héroe, un deportista o estrella. Incluso podría ser una ambición o un ministerio. Si tu relación con Dios ha quedado en segundo lugar, después de alguna persona o cosa, renuncia a esos objetos de adoración falsos y orienta toda tu adoración y alabanza hacia Dios y nadie más. Jesús dijo: "Ama al Señor tu Dios con todo tu corazón, con todo tu ser y con toda tu mente. Este es el primero y el más importante de los mandamientos" (Mateo 22:37-38).

Usa la siguiente oración para expresar tu compromiso y deseo de adorar a Dios y a nadie más que a Dios.

Dios todopoderoso:

Confieso que no te he amado con todo mi corazón, mi ser y mi mente (Mateo 22:37-38). También confieso que he dejado entrar ídolos en mi vida. He permitido que otras personas y cosas sean más importantes para mí que mi relación personal contigo. He buscado en ellos mi identidad y la satisfacción de mis necesidades en lugar de buscarte a ti. Señor, sé que cualquier ídolo en mi corazón deshonra tu santidad y lastima tu corazón. Decido alejarme de cualquier ídolo y centrar mi vida solo en ti. Declaro que tú eres mi primer amor (Apocalipsis 2:4-5). Por favor, revela a mi mente cualquier ídolo en mi vida. Oro en el nombre de Jesús, amén.

La siguiente lista de verificación te puede ayudar a identificar ídolos que hayas permitido entrar a tu mente o vida. Prepárate para renunciar a todo lo que se haya vuelto más importante para ti que Dios o que ha dañado tu relación con él. Fíjate que las áreas detalladas abajo no son malas en sí mismas, solo se vuelven incorrectas cuando toman el lugar que le pertenece a Dios como Señor de tu vida.

_____ Tiempo

_____ Cónyuge, hijos, padres

_____ Relaciones, novio, novia, amigos

_____ Computadora, juegos

_____ Tú mismo, tu apariencia, tu imagen, identidad en línea, avatares personales, redes sociales

_____ Ministerio, actividades de la iglesia

_____ Ocupación, carrera, posición

_____ Deportes o talentos

_____ Tiempo de recreación, placer, diversión

_____ Pasatiempos

_____ Comodidad, tranquilidad, tiempo personal

_____ Obligaciones, actividades

_____ Riqueza, propiedades, pertenencias, seguridad financiera

_____ Ambición, poder, control

_____ Comida, drogas, alcohol u otras sustancias

_____ Conocimiento, títulos

_____ Estrellas de música, celebridades, deportistas

_____ Trofeos, medallas, honores

_____ Entretenimiento, televisión, películas, música

_____ Popularidad, fama, reconocimiento

_____ Adoración en sí misma (honrar la pompa y el espectáculo antes que a Dios mismo)

_____ La Biblia misma (tener una visión tan elevada de las Escrituras que en realidad adoras al libro en lugar de a aquel sobre el cual el libro está escrito [consulta Juan 5:29-40])

_____ Otros _____

"Ama al Señor tu Dios con todo tu corazón, con todo tu ser y con toda tu mente. Este es el primero y el más importante de los mandamientos".
Mateo 22:37-38

Usa esta oración como una guía para ayudarte a renunciar a todos los ídolos o prioridades equivocadas que el Espíritu Santo le revele a tu mente:

Precioso Salvador:

Confieso que te he deshonrado al hacer que (nombra a la persona o cosa) sea más importante que tú. Renuncio a poner esto en primer lugar en mi vida como falsa adoración. Decido tenerte a ti, Señor, como mi primer amor, con todo mi corazón, alma y mente y decido adorarte en Espíritu y en verdad. Oro en el nombre de Jesús, amén.

Las redes sociales y el Internet se han vuelto gran parte de nuestras vidas cotidianas; es fácil perder el equilibrio. Si has quitado la mirada de Jesús y le has prestado demasiada atención a las cosas de este mundo, puede que necesites hacer la siguiente oración.

"Su divino poder, al darnos el conocimiento de aquel que nos llamó por su propia gloria y excelencia, nos ha concedido todas las cosas que necesitamos para vivir como Dios manda".
2 Pedro 1:3

Abba Padre,

Confieso que he utilizado el celular, Internet y las redes sociales para escapar de la realidad o como forma de afrontar problemas difíciles. Confieso y renuncio a cualquier forma en la que haya priorizado la actividad en línea por encima de las relaciones personales. Confieso y renuncio a cualquier forma en la que haya tergiversado mi identidad en Internet para ser aceptado por los demás o para sentirme mejor conmigo mismo. Decido encontrar mi verdadera identidad y plena aceptación en ti. Me arrepiento de recibir filosofías y enseñanzas mundanas a través de Internet. Tú, tu palabra, y solo el Espíritu Santo renuevan mi mente y me guían a toda la verdad. He dependido de aplicaciones y medios de comunicación social para traer satisfacción a mi vida, pero ahora renuncio y rompo esta dependencia en el nombre de Jesús. Únicamente tú puedes satisfacer mis necesidades más profundas. Recibo tu perdón y proclamo que solo tú me das todo lo que necesito para vivir como tú mandas (2 Pedro 1:3). Oro en el nombre de Jesús. amén.

Honra sus nombres

Cuando oramos "Santificado (santo) sea tu nombre", debemos entender que, en la Biblia, a Dios se lo llama de muchas maneras. Cada nombre revela algo de su ser, su carácter o su relación con nosotros. A continuación, hay varios nombres de Dios y sus significados. Marca los que el Espíritu Santo te indique, busca la referencia en los pasajes y léelos en su contexto (por ejemplo, "Jehová Nissi" aparece en el contexto de la victoria militar de los israelitas en Éxodo 17:8-16). A continuación, utiliza las oraciones de la página siguiente para orar por cada nombre en respuesta a Él. Al hacerlo, expresas tu adoración diciendo: "Esto es lo que eres para mí. Tú eres Santo, tú eres digno de adoración, y solo tú satisfaces mis necesidades". Comienza haciendo esta oración:

Querido Padre celestial:

No siempre te he adorado como debería y glorificado tu santo nombre. Quiero que mi boca hable tus alabanzas, así que te pido que me reveles tus maravillosos nombres con los que quieres que te responda hoy. Oro en el nombre de Jesús, amén.

Ahora, según te guíe el Espíritu Santo, haz las oraciones vinculadas a dos o tres nombres que más te llamen la atención en este momento.

Adonai: amo o Señor (Malaquías 1:6)

Mi Adonai, reconozco que eres tú quien tiene el derecho y la sabiduría para mostrarme cómo vivir mi vida. Decido someterme a las otras autoridades que has puesto sobre mí. Por encima de todo, tú eres quien merece mi mayor lealtad. Con gusto decido obedecerte y seguirte.

Elohim: Dios eterno (Génesis 2:3)

Elohim, tú siempre has existido y siempre existirás. Dado que tú eres eterno, solo tú puedes satisfacer mi alma para siempre. Otras personas y cosas van y vienen, pero tú y tu amor nunca pasan. Te alabo, Dios eterno.

El Betel: el Dios de Betel es mi santuario (Génesis 28:10-19, 35:7)

El Betel, tú eres mi santuario, y a través de ti tengo toda la bendición y protección del cielo. Y lo que es aún más asombroso, tu palabra dice que "Betel" significa "casa de Dios", y nosotros somos descritos como tu "casa espiritual" (1 Pedro 2:5). Tú vives en nosotros, tu casa, y a través de nosotros señalas a otros la bendición y la protección de Jesucristo. ¡Tú eres El Betel!

El Elyon: el Dios altísimo, el más fuerte de los fuertes, omnipotente, Dios todopoderoso (Génesis 14:18-20)

El Elyon, nadie es tan fuerte como tú. Ninguna cosa es tan fuerte como tú. Todo poder te pertenece. Esto significa que tú eres más fuerte que cualquier cosa o persona a la que temo, así que hoy desecho todo temor. Tu poder me protege de cualquier enemigo. Tu poder me cambia para parecerme más a Jesús. Tu poder hará que un día me levante de la tumba como Él lo hizo. ¡Te adoro, Dios Todopoderoso!

El Olam: Dios sin fin (Salmos 90:1-2; Génesis 21:22-33)

El Olam, tú has sido un refugio para nosotros de generación en generación. Antes que los montes fueran engendrados y nacieran la tierra y el mundo, desde la eternidad y hasta la eternidad, tú eres Dios (Salmo 90:1-2 NBLA). Dado que tú eres eterno, tus promesas son eternas y completamente dignas de confianza. Hoy vuelvo a confiar en ti para que sigas siendo fiel a tus promesas.

El Roi: el Dios que ve, omnisciente (Génesis 16:13), Dios en todos lados (Salmos 139:7-12)

El Roi, siempre estoy a la vista de tus ojos, y nada en el cielo ni en la tierra escapa a tu atención. Incluso conoces cada pensamiento de cada persona. A dondequiera que vaya hoy, tú ya estás allí. Piense lo que piense, diga lo que diga, tú lo sabes todo. El Roi, todo esto me daría un miedo de muerte, ¡excepto por la verdad de que me conoces y me amas completamente al mismo tiempo! No huyes de mí, ni siquiera cuando ves mi lado feo. Te agradezco que siempre estés conmigo, y que siempre pueda contar contigo, ¡el Único que lo sabe todo!

El Shaddai: Dios que suple todo, Dios todopoderoso (Génesis 17:1; 35:11)

El Shaddai, nada te falta. Puesto que tienes todo lo que necesitas para llevar a cabo perfectamente tus planes, también tienes todo lo que yo necesito. Decido decir "sí" a tu voluntad para mi vida hoy y todos los días. A dondequiera que me envíes, sea lo que sea lo que me pidas, me darás lo que necesito para cumplir tu voluntad. Tú eres Dios Todopoderoso, muéstrame tus planes para mí.

Emanuel: Dios con nosotros (Isaías 7:14)

Emanuel... Jesús, tú has dicho: "Quien me ha visto a mí, ha visto al Padre". Aunque eres Dios, te humillaste a ti mismo para caminar por la tierra en nuestro lugar, para ser tentado igual que nosotros (pero sin pecar nunca) y para morir en una cruz por nuestros pecados. Tú moriste por MIS pecados. Gracias por acercarte a mí y vivir siempre conmigo a través del Espíritu Santo. Yo también te amo, porque tú me amaste primero.

Jehová Jireh: nuestro proveedor (Génesis 22:8, 14)

Jehová Jireh, tú me provees de todo lo que necesito, física y espiritualmente. Lo más importante, tú me provees de salvación; tú me provees de ti. Hoy miro hacia ti y te pido que me des todo lo que necesito para vivir una vida abundante y darte gloria. Te agradezco de antemano por las maneras en que siempre suplirás mis necesidades más grandes y profundas. Tú me eres tan fiel.

Jehová Mekaddesh: el Señor que santifica (Levítico 20:8)

Jehová Mekaddesh, me has santificado a través de la sangre de Jesús. Me presento ante ti como una nueva creación: ¡lo viejo se ha ido y lo nuevo ha llegado! Rechazo toda voz mentirosa que me dice que soy un pobre pecador y un fracasado. ¡No! Soy santificado a través de la sangre de Cristo. Gracias a ti, Jehová Mekaddesh, soy santo. Ayúdame a vivir como vive un santo para que mi estilo de vida refleje mi identidad.

Jehová Nisi: nuestro estandarte de victoria (Éxodo 17:15)

Jehová Nisi, he nacido en una guerra espiritual. No estoy llamado a luchar contra otras personas, porque mi batalla no es contra la carne y la sangre (Efesios 6:12). Mi guerra es contra el mundo, la carne y el diablo. Tú eres mi guerrero y mi garantía de victoria. Te doy gracias y reconozco que tienes el mérito por cada victoria. ¡Tú eres el estandarte de victoria sobre mi vida!

Jehová Rohi: nuestro buen pastor (Salmo 23)

Jehová Rohi, tú eres mi Pastor. Tú me das descanso en verdes pastos y me llevas a beber de aguas tranquilas. Tú renuevas mi vida y me guías por los senderos correctos. Me consuelas y proteges en los valles más oscuros y me proporcionas una vida superabundante, incluso cuando estoy rodeado de enemigos. Me mostrarás tu bondad y tu amor cada día, y viviré en tu casa para siempre.

Jehová Tsidkenu: nuestra justicia (Jeremías 23:6)

Jehová Tsidkenu, a través de Cristo ahora me ves a mí y a tu pueblo como justos y agradables a ti porque tú eres mi justicia. Espíritu Santo, dame poder para vivir como la persona justa que soy.

Jehová Rafa: nuestro sanador (Éxodo 15:26)

Jehová Rafa, tú nos sanas en cuerpo y alma, mente y emociones. Hoy te traigo mis necesidades y las necesidades de los demás. Específicamente, pido sanidad para _____.
Úsame como instrumento de tu sanidad, mientras extiendo mi mano, comparto el amor de Cristo y oro por los demás. Te doy toda la gloria por tu sanidad para mí y para aquellos cuyas vidas toco.

Jehová Sabaoth: Señor de los ejércitos (Isaías 6:3)

Jehová Sabaoth, tú eres el jefe de los ejércitos celestiales que luchan por tu reino contra todas las fuerzas del mal. Pongo mi confianza en ti y en tus ejércitos espirituales para vencer cualquier oposición que enfrente mientras vivo para ti. Lucharé por tu reino y por mí mismo de rodillas en oración. En lugar de intentar luchar por mi cuenta y con mis propias fuerzas, me quedaré quieto y sabré que tú eres Dios (Salmo 46:10): ¡tú luchas por mí!

Jehová Shalom: nuestra paz (Jueces 6:24)

Jehová Shalom, tu nombre significa que eres la fuente de toda paz, plenitud y bienestar. A través de Jesús, el príncipe de paz, estoy en paz contigo y soy enviado a ser un mensajero de Shalom, para que otros experimenten la reconciliación y la vida abundante a través de ti. Te pido tu "Shalom" sobre mi vida, sobre mi familia, sobre mi escuela, sobre mi iglesia, sobre mi comunidad.

Jehová Sama: el Señor que está siempre presente (Ezequiel 48:35, Salmo 139:7-10)

Jehová Sama, nunca hay un momento en que no estés cerca. Incluso cuando pienso que estoy solo, vulnerable, impotente, tú estás ahí para bendecirme. De hecho, tu Espíritu Santo vive en mí (1 Corintios 6:19). Recuérdame tu presencia en todo momento, y que escuche siempre tu voz. Nunca me dejarás ni me abandonarás. En tu presencia estoy seguro y soy feliz.

Yahvé: "Yo Soy" (Éxodo 3:14)

Yahvé, tú eres el gran "YO SOY". Tú eres el único que es eterno e inmutable. Tu existencia y tu voluntad no dependen de nada más. Estoy asombrado de tu grandeza y solo te adoro a ti, porque nadie se te puede comparar en lo más mínimo. Todos los demás "dioses" son falsos, solo tú eres Yahvé.

Ahora, confirma tu compromiso de adorar sus santos nombres.

Señor Dios:

Alzo mi voz junto con la de los ángeles y exclamo: *"Santo, santo, santo es el Señor Todopoderoso; toda la tierra está llena de su gloria"* (Isaías 6:3). Renuncio a todos los ídolos y declaro que *"el nombre del Señor es una torre fuerte; los justos corren a ella y están seguros"* (Proverbios 18:10). Me entusiasma conocerte mejor; experimentar más de tus asombrosas cualidades expresadas por tus muchos nombres. ¡Tú eres el mejor! Oro en el nombre de Jesús, amén.

Cristo te define, ¡y tú eres santo!

Dios es santo, y tú has sido hecho santo y sin culpa por medio de la sangre de Cristo (Efesios 1:4). Parte de la oración del Señor es darte ánimo, ahora que eres su hijo y él te ha declarado santo. Hasta ahora, tu sentido de valor personal puede haber estado determinado por lo que tu familia, amigos, figuras de autoridad u otros puedan haber pensado de ti. O quizás un fracaso moral haya dejado una marca en tu mente que parece decir: "No sirvo, soy solo un pecador, nunca llegaré a ser nada para Dios". Esas son mentiras; es probable que el enemigo, el acusador, las haya puesto en tu mente (Apocalipsis 12:10).

"Dios nos escogió en él antes de la creación del mundo, para que seamos santos y sin mancha delante de él".
2 Pedro 1:3

Lo cierto es que estás en Cristo y él está en ti. Lo cierto es que en Jesús ahora eres aceptable delante de Dios. La persona pecadora que eras antes ha muerto y el pecado ya no gobierna más tu vida (Romanos 6:1-6). Por otro lado, estás espiritualmente vivo y has sido levantado y estás sentado con Cristo en el cielo (Efesios 2:5-6). Nada es más liberador que estar de acuerdo con Dios en la manera que él te ve y lo que piensa de ti. Tienes que entender lo que tienes en él y lo que puedes hacer por medio de él. Comienza llenando tu mente con la verdad de la Palabra de Dios acerca de tu aceptación, seguridad e importancia en Cristo. ¡Este es uno de tus mayores actos de adoración!

Estas afirmaciones resumen nuestra identidad bíblica y nuestra posición en Cristo. Decláralas en voz alta como tu verdadera identidad de hijo y heredero de Dios.

MI IDENTIDAD EN CRISTO

SOY ACEPTADO

- ❖ Soy hijo de Dios (Juan 1:12).
- ❖ Soy el amigo elegido de Jesús (Juan 15:15).
- ❖ Soy santo y aceptable y justificado por Dios (Romanos 5:1).
- ❖ Estoy unido al Señor (1 Corintios 6:17).
- ❖ He sido comprado por un precio (1 Corintios 6:19-20).
- ❖ Soy parte de la familia de Cristo (1 Corintios 12:27).
- ❖ Soy santo (Efesios 1:1).
- ❖ He sido adoptado como hijo de Dios (Efesios 1:5).
- ❖ He sido perdonado y redimido (Colosenses 1:14).
- ❖ Estoy completo en Cristo (Colosenses 2:10).

ESTOY SEGURO

- ❖ Estoy libre de castigo para siempre (Romanos 8:1-2).
- ❖ Estoy seguro de que todas las cosas son para bien (Romanos 8:28).
- ❖ Estoy libre de toda condenación (Romanos 8:31-32).
- ❖ No puedo ser separado del amor de Dios (Romanos 8:35-36).
- ❖ Estoy escondido con Cristo en Dios (Colosenses 3:3).
- ❖ Esto seguro de que Dios terminará su buena obra (Filipenses 1:6).
- ❖ Soy ciudadano del cielo (Efesios 2:19).
- ❖ Puedo encontrar gracia y misericordia (Hebreos 4:16).
- ❖ Pertenezco a Dios. El maligno no puede tocarme (1 Juan 5:18).

Lee esta lista en voz alta durante los próximos 40 días o cuando te sientas atacado espiritualmente.

SOY IMPORTANTE

- ❖ Soy sal y luz para todos los que me rodean (Mateo 5:13-14).
- ❖ Soy parte de la vid verdadera, unido a Cristo, capaz de producir mucho fruto (Juan 15:1-5).
- ❖ Cristo me eligió puntualmente para llevar fruto (Juan 15:16).
- ❖ Soy testigo de Cristo empoderado por el Espíritu (Hechos 1:8).
- ❖ Soy templo del Espíritu Santo (1 Corintios 3:16).
- ❖ Estoy en paz con Dios y él me ha dado la tarea de buscar la paz entre él y otras personas (2 Corintios 5:17-18).
- ❖ Soy colaborador de Dios (2 Corintios 6:1).
- ❖ Estoy sentado con Cristo en el cielo (Efesios 2:6).
- ❖ Soy el proyecto de Dios, creado para hacer su obra (Efesios 2:10).
- ❖ Puedo hacer todas las cosas por medio de Cristo, quien me fortalece (Filipenses 4:13).

Anderson, N. T., y Park, D. (1995). ¿Quién soy? En Emergiendo de la oscuridad, págs. 39-41. Miami, FL: Editorial Unilit.

Cristo satisface todas tus necesidades

En 2 Pedro 1:3 se declara: *"Su divino poder... nos ha concedido todas las cosas que necesitamos para vivir como Dios manda..."* No solo tienes una nueva identidad en Cristo, sino que ahora Él es la fuente de todo lo que necesitas para servirle y vivir una vida abundante. Todo lo que aparece en la columna de la derecha te pertenece en Cristo, aunque sientas que tu vida está marcada por las cosas de la columna de la izquierda. Marca las áreas que el Espíritu revele que son una lucha para ti y luego haz la oración reemplazando las mentiras de la izquierda con las verdades de la derecha.

Sin Cristo experimentamos	En Cristo experimentamos
Rechazo (Efesios 2:1-3)	Aceptación (Romanos 5:1, 8, 15, 17)
Aislamiento (Efesios 4:18 RVR)	Pertenencia (1 Corintios 6:17)
Falta de propósito (Eclesiastés 1:2)	Propósito (2 Corintios 5:17-18; Colosenses 3:4)
Debilidad (Salmo 27:1)	Poder (Filipenses 4:13)
Timidez (2 Timoteo 1:7)	Autoridad (Hechos 1:8)
Rebelión (1 Timoteo 1:9)	Sumisión (Romanos 13:1-2)
Preocupación (1 Pedro 5:7)	Provisión (Filipenses 4:19)
Desorientación (Hebreos 5:11-14)	Dirección (Romanos 8:14)
Miedo (2 Timoteo 1:7; Mateo 10:26-33)	Seguridad (Romanos 8:1,2,28,31)
Inferioridad (Romanos 8:37)	Importancia (Juan 15:1, 5)
Confusión (1 Corintios 14:33)	Paz (Gálatas 5:22)
Ataduras (1 Juan 4:4)	Libertad (Gálatas 5:1)

Querido Padre celestial:

Gracias por hacerme una nueva creación en Cristo, un santo (Efesios 1:1). Entiendo que ahora soy miembro de un linaje escogido, de un sacerdocio real, de una nación santa (1 Pedro 2:9, 10). Confieso que no siempre he creído lo que dices de mí y que he dejado que acontecimientos personales o personas determinaran mi identidad y pusieran en duda tu provisión para mí. Renuncio específicamente a la mentira de que soy _____ o que lucho con _____ y declaro que en Cristo tengo _____. Jesús es la verdadera fuente de identidad e importancia, así que renuncio a mi vieja identidad y adopto mi nueva identidad en Cristo. Oro en el nombre de Jesús, amén.

La vida nueva trae una identidad nueva

Ser cristiano no se trata solo de recibir algo, se trata de ser alguien. El cristiano no es simplemente una persona perdonada, que consigue ir al cielo, que recibe el Espíritu Santo y una nueva naturaleza. El cristiano, en materia de su más profunda identidad, es un santo, apartado, un hijo nacido espiritualmente de Dios, una obra de arte divina, un hijo de luz, un ciudadano del cielo. Nacer de nuevo te transformó en alguien que antes no existía. Lo que recibes de Dios no es el punto, el punto es quién eres. No es lo que haces como cristiano lo que determina quién eres, es quien eres lo que determina lo que haces.

Tu nueva vida

Memoriza uno o más de estos pasajes y repítelos con regularidad para recordarte quién eres en Cristo.

Por lo tanto, si alguno está en Cristo, es una nueva creación. ¡Lo viejo ha pasado, ha llegado ya lo nuevo! (2 Corintios 5:17).

Porque somos hechura de Dios, creados en Cristo Jesús para buenas obras, las cuales Dios dispuso de antemano a fin de que las pongamos en práctica (Efesios 2:10).

Pero ustedes son linaje escogido, real sacerdocio, nación santa, pueblo que pertenece a Dios, para que proclamen las obras maravillosas de aquel que los llamó de las tinieblas a su luz admirable. Ustedes antes ni siquiera eran pueblo, pero ahora son pueblo de Dios; antes no habían recibido misericordia, pero ahora ya la han recibido (1 Pedro 2:9-10).

¡Fíjense qué gran amor nos ha dado el Padre, que se nos llame hijos de Dios! El mundo no nos conoce, precisamente porque no lo conoció a él. Queridos hermanos, ahora somos hijos de Dios, pero todavía no se ha manifestado lo que habremos de ser. Sabemos, sin embargo, que cuando Cristo venga seremos semejantes a él, porque lo veremos tal como él es (1 Juan 3:1-2).

3 Ríndete a la autoridad de Dios

"Venga tu reino"

Sométete a su autoridad

Dios es el rey y gobernador supremo de todas las cosas. Por eso lo llamamos nuestro Señor soberano (Efesios 1). También es eterno, lo que significa que él y su reino nunca terminarán (Salmo 90:2). Cuando oras "venga tu reino", invitas a Dios a gobernar en tu corazón, tal como él gobierna en el cielo, y te sometes a los planes de su reino. Deseas internalizar su reino y hacerlo personal. Dios es tu rey poderoso y tú eres su súbdito. Todavía somos personas imperfectas, y Dios no gobierna por completo en nuestras vidas, pero afortunadamente modelamos crecimiento, no perfección. Sin embargo, el estándar de santidad de Dios sigue existiendo, y él desea gobernar en ti hoy.

Lamentablemente, puede haber rebelión. Es imposible vivir por completo para el reino de Dios si te rebelas en contra de él y aquellos que él ha puesto en autoridad sobre ti (Romanos 13:1-7). Dios usa tipos de autoridades específicas para protegernos y brindarnos la seguridad que necesitamos. Las usa para traer orden a nuestras vidas diarias. La sumisión y un corazón rendido y confiado le muestran a Dios que deseas vivir para su reino antes que para ti mismo y tus propios objetivos.

"Así que sométanse a Dios. Resistan al diablo, y él huirá de ustedes".
Santiago 4:7

A veces le pedimos a Dios que bendiga nuestro plan o ministerio en vez de buscar unirnos nosotros a los suyos. Incluso esto es una forma sutil de rebelión. Dios quiere más que solo una sumisión externa en tu vida. Quiere que tu corazón se someta a él y sus planes en todos los aspectos. La rebelión te hace un blanco fácil para el enemigo. Nunca podrás resistir al diablo y hacer que te deje en paz hasta que primero te sometas a Dios (Santiago 4:7). La sumisión es un acto de rendición.

Para comprometerte a vivir para el reino de Dios y a un estilo de vida de sumisión y rendición a Dios, haz la siguiente oración en voz alta:

Querido Padre celestial:

Te pido que "venga a nosotros tu reino" ante todo en mi corazón y en mi vida. Quiero vivir para tu reino. Confieso que a veces me he rebelado contra ti y contra la obra de tu reino. Tú has dicho en tu palabra que la rebelión es lo mismo que la brujería, y ser obstinado es como servir a dioses falsos (1 Samuel 15:23). Sé que mis pensamientos y acciones te han desafiado, y que me he rebelado contra ti y contra aquellos que has puesto en autoridad sobre mí. He rechazado tu liderazgo y protección. Decido someterme a ti y a tus caminos. Resisto al diablo y sus caminos y cierro cualquier puerta que pueda haber abierto a través de mi rebelión. Por favor, Padre, muéstrame todas las maneras en que me he rebelado contra ti y contra aquellos que has puesto en autoridad sobre mí. Oro en el nombre de Jesús, amén.

Examina cada una de las áreas de autoridad que se detallan debajo, y pídele al Señor que te revele todas las formas específicas en las que no has respetado o no te has sometido a estas autoridades:

_____ **Dios**
Su guía, su señorío, rendición a su voluntad para tu vida (Daniel 9:5, 9).

_____ **Líderes de la iglesia**
Pastor, líder de jóvenes, maestro de escuela bíblica (Hebreos 13:7).

_____ **Empleadores, educadores**
Jefe, supervisor (1 Pedro 2:18-23), maestros, entrenadores, autoridades de la escuela (Romanos 13:1-4).

_____ **Gobierno civil**
Leyes fiscales o de tránsito, actitudes hacia el gobierno o funcionarios (Romanos 13:1-7; 1 Timoteo 2:1-4; 1 Pedro 2:13-17).

_____ **Familia**
Esposo o esposa (1 Pedro 3:1-4; Efesios 5:21; 1 Pedro 3:7).
Padres, padrastros, tutores legales (Efesios 6:1-3).

Por cada área de rebelión que el Señor te muestre, haz esta oración en voz alta:

> ## Querido Padre celestial: _____
> Estoy de acuerdo contigo en que me he rebelado contra _____.
> Gracias por perdonarme y quitar mi rebelión. Decido someterme a ti y a tu liderazgo y protección, así como a aquellos que has puesto sobre mí. Oro en el nombre de Jesús, amén.

"Todos deben someterse a las autoridades públicas, pues no hay autoridad que Dios no haya dispuesto, así que las que existen fueron establecidas por él. Por lo tanto, todo el que se opone a la autoridad se rebela contra lo que Dios ha instituido".
Romanos 13:1-2

De vez en cuando, aquellos en autoridad pueden abusar de su poder sobre ti. En esos casos, no te des por vencido con la autoridad, sino acude a una autoridad superior para conseguir ayuda. Por ejemplo, Dios no pide a una persona que se someta al abuso físico de alguien con autoridad, como un profesor, un padre o un entrenador. El abuso físico, mental, emocional o sexual por parte de las autoridades no es parte del plan de Dios. Denuncia todo abuso ante la ley o agencias que estén para protegerte. Si una autoridad te pide que quebrantes la ley de Dios o que pongas en juego tu compromiso, tienes que obedecer a Dios antes que a los hombres (Hechos 4:19-20).

Ejerce tu autoridad

Vivir para el reino de Dios significa vivir bajo autoridad, pero también significa que tú has recibido una medida de autoridad. Jesús dijo: *"Se me ha dado toda autoridad en el cielo y en la tierra"* (Mateo 28:18). A él le fue dada toda autoridad como resultado de su muerte y resurrección (Efesios 1:18-21). Jesús tomó su debido lugar al lado del padre, a la diestra de Dios, el lugar de toda autoridad y poder (Efesios 1:20-21; Hebreos 1:3). La autoridad de Jesús se extiende sobre cada persona y cada cosa de todos los tiempos, no solo mientras estaba en la tierra, sino también en los tiempos venideros (Efesios 1:20-21; 1 Corintios 15:24- 28).

Como tú has aceptado a Cristo como tu salvador, has sido puesto en Cristo y levantado con él, y ahora estás sentado con él a la diestra de Dios (Efesios 2:6). Ahora compartes el lugar de autoridad de Cristo. Debido a que estás bajo la autoridad de Cristo, el diablo debe dejarte en paz cuando te mantienes firme y lo resistes (Santiago 4:7). Algunos cristianos luchan en su andar espiritual porque fracasan al afirmar la autoridad que tienen en Cristo. Jesús nos advierte que no alardeemos de nuestra autoridad sobre Satanás, sino que nos regocijemos de que estamos seguros en Cristo y pasaremos la eternidad con él (Lucas 10:20). Además, nunca debemos usar nuestra autoridad en Cristo como una excusa para avasallar a los demás. Debemos servirlos (Efesios 5:21; Mateo 20:25-28; Marcos 10:45).

Tendrás autoridad y poder siempre y cuando estés sometido a Cristo. En ningún lugar de la Biblia se nos ordena orar para obtener poder, sino que debemos someternos a Cristo. Cuando te sometes a Cristo, tienes todo el poder y la autoridad que necesitas para enfrentarte al mundo, la carne y el diablo. Usa la siguiente oración para expresar tu autoridad en Cristo:

"Por lo tanto, pónganse toda la armadura de Dios, para que cuando llegue el día malo puedan resistir hasta el fin con firmeza".
Efesios 6:13

Abba Padre:

Confieso que a veces he sido pasivo; no he afirmado la increíble autoridad que me corresponde en Cristo. Decido ser fuerte en el Señor y en la fuerza de su poder (Efesios 6:10). Decido caminar de acuerdo con mi nueva identidad en Cristo y estar lleno del Espíritu, y depender únicamente de su poder y no de mis propias fuerzas. Y sé que cuando me someto a Dios y resisto al diablo, este tiene que huir de mí (Santiago 4:7). Decido, pues, tomar toda la armadura de Dios, para poder resistir en el día del mal (Efesios 6:13). Oro en el nombre de Jesús, amén.

Ríndete a los planes de Dios

"Hágase tu voluntad en la tierra como en el cielo"

Cuando oras "hágase tu voluntad en la tierra como en el cielo", confiesas que, a menudo, la manera en la que vives en la tierra es distinta de como vivirías si ahora mismo estuvieses en el cielo con Dios. Los ángeles santos de Dios no oran para hacer su voluntad, simplemente la cumplen. En el cielo, los planes de Dios se siguen inmediatamente y al pie de la letra, no en otro momento, cuando sea más cómodo o encaje en un calendario personal. ¿Qué persigues cuando oras por la voluntad de Dios?

Primero, que puedas conocer el plan personal de Dios para tu vida. Segundo, que puedas confiar en la capacidad de Dios para tomar decisiones. Dios sí tiene un plan para tu vida. Jeremías 29:11 dice: *"Porque yo sé muy bien los planes que tengo para ustedes —afirma el Señor—, planes de bienestar y no de calamidad, a fin de darles un futuro y una esperanza"*. Le pedirás a Dios su plan para tu vida y confiarás en que Dios tomará las decisiones correctas para tu vida. Estas dos cosas son absolutamente necesarias, si deseas que la voluntad de Dios se haga en la tierra como se hace en el cielo.

No le pedimos a Dios que cambie su voluntad. No nos corresponde dirigir su voluntad, porque solo él es soberano sobre todas las cosas, e independiente de su creación (Isaías 40:13-14). No le pedimos a Dios que bendiga nuestra voluntad; él solo puede bendecir las decisiones que están alineadas con quien él es y lo que él desea (1 Juan 5:14).

En el padrenuestro se nos enseña a pedirle a Dios que nos ayude a reconocer y hacer su voluntad. Dios tiene un plan para tu vida y es tu responsabilidad buscar a Dios y descubrir su voluntad tanto en las cosas pequeñas como grandes de la vida. Dios no te revelará todas las partes de su voluntad en este momento. Si lo hiciera, te abrumaría. Es por eso que debemos orar seguido: "hágase tu voluntad, en la tierra como en el cielo". Pero eres responsable de lo que él te ha mostrado hoy.

Haz la siguiente oración en voz alta como una guía para ayudarte a descubrir la voluntad de Dios para tu vida.

"Esta es la confianza que tenemos al acercarnos a Dios: que, si pedimos conforme a su voluntad, él nos oye".
1 Juan 5:14

"Si a alguno de ustedes le falta sabiduría, pídasela a Dios, y él se la dará, pues Dios da a todos generosamente sin menospreciar a nadie".
Santiago 1:5

Padre todopoderoso:

Tu palabra dice que si a alguno de vosotros le falta sabiduría, que se la pida a Dios, que da generosamente a todos (Santiago 1:5). Tu palabra también dice que me hablas por el Espíritu Santo que habita en mí (1 Corintios 2:11-12). Confío plenamente en ti y comprendo que siempre me guías. Te pido sabiduría y guía para conocer y seguir tu plan divino para mi vida, hoy y en el futuro. Decido escuchar tu voz y hacer lo que me pidas. Te pido todo esto en el nombre de Jesús, Amén.

Escribe lo que crees que Él te está diciendo hoy sobre su divina voluntad para tu vida

Proclama tu confianza en Dios y en el plan que te ha revelado.

Querido Padre celestial: ────────────────────

Confieso que a menudo he sido yo quien ha controlado mi propio pensamiento. Pero te pertenezco a ti. Señor, decido ahora adoptar tus planes para mi vida, específicamente (nombra cualquier cosa que me haya revelado hoy). Decido confiar completamente en ti y seguirte a ti y a tus planes para mi vida en el poder del Espíritu Santo. Oro en el nombre de Jesús, amén.

Haz que sea una costumbre pedirle que te revele su voluntad cada día. Aprende a hacer preguntas como:

"¿Qué vamos a hacer hoy, Padre?"

"¿Cómo quieres que afronte la situación que tengo delante?"

"¿A quién quieres que anime y bendiga hoy?"

"¿En qué quieres que me enfoque en esta etapa de mi vida?"

"¿Qué quieres compartir conmigo hoy acerca de tu llamado para mi vida?"

Recuerda, se trata de hacer Su voluntad, no la tuya.

5 Tu provisión en Cristo

"Danos hoy nuestro pan cotidiano"

Dios, tu "Abba" Padre, te ama y quiere proveer para todas tus necesidades, tanto espirituales como físicas. La palabra "pan" se usa como un símbolo. Puede significar alimentos, como por lo general lo pensamos, o podría ser dinero, tiempo, trabajo, pertenencia, importancia, seguridad, etc. El pan es la provisión necesaria para satisfacer tus necesidades cotidianas. Cuando oras "el pan nuestro de cada día, dánoslo hoy", reconoces a Dios el Padre como el que te provee lo que necesitas para sobrevivir.

Primero, tienes que reconocer que tienes necesidades.

Segundo, pon tu confianza en que Dios cubrirá esas necesidades.

Tercero, debes pedirle a Dios que las cubra.

Cuarto, debes entender que Dios va a satisfacer tus necesidades todos los días, no de forma mensual o anual, sino día tras día.

Jesús dijo: *"Pidan, y se les dará; busquen, y encontrarán; llamen, y se les abrirá"* (Mateo 7:7). Dios no nos da todo lo que pedimos, pero sí nos da todo lo que necesitamos. A veces, no obstante, no tienes porque no pides, o pides con intenciones incorrectas (Santiago 4:2-3).

Además de pedirle a Dios que satisfaga tus necesidades, también debes reconocer tu responsabilidad de devolverle a Dios y demostrarle agradecimiento. Malaquías 3:8 dice: *"¿Acaso roba el hombre a Dios? ¡Ustedes me están robando! Y todavía preguntan: "¿En qué te robamos?" En los diezmos y en las ofrendas".* Y Dios dice: *"Traigan íntegro el diezmo... Pruébenme en esto —dice el Señor Todopoderoso— Y vean si no abro las compuertas del cielo y derramo sobre ustedes bendición hasta que sobreabunde"* (Malaquías 3:10). Dios quiere que dependas de él y lo reconozcas como Jehová Jireh, tu proveedor (Génesis 22:8, 14).

"Su divino poder, al darnos el conocimiento de aquel que nos llamó por su propia gloria y excelencia, nos ha concedido todas las cosas que necesitamos para vivir como Dios manda".
2 Pedro 1:3

La siguiente lista puede ayudarte a identificar las maneras en las que no estás confiando en que Dios proveerá física y espiritualmente para tu vida.

_____ He actuado como de manera autosuficiente, como si no tuviera necesidades (físicas, espirituales, emocionales, etc.).

_____ No le he pedido a Dios que cubra mis necesidades, y no he recurrido solo a él ni confiado en él.

_____ He buscado que las personas que me rodean satisfagan mis necesidades de aceptación y pertenencia.

_____ He esperado que Dios satisfaga mis necesidades financieras de una sola vez, más que al día a día.

_____ He esperado que otros satisfagan mi necesidad de seguridad, antes que Dios.

_____ He esperado que Dios satisfaga mis deseos y no mis necesidades.

_____ He buscado sentido de importancia en mi trabajo o en mi hogar antes que en Dios.

_____ No le he devuelto a Dios mi diezmo y mis ofrendas como debería.

_____ Otras: _____

Usa la siguiente oración como una guía para ayudarte a renunciar a cualquier área en la que te falte depender de Dios, tu Padre.

Papá Dios: ——————————————————————

Te pido que hoy me des el pan de cada día. Me doy cuenta de que no siempre te he reconocido como Jehová Jireh, mi proveedor. He dependido de mí mismo y de mis propios recursos para satisfacer mis necesidades. Renuncio específicamente a _____. Decido depender únicamente de ti, Señor. Gracias porque prometes bendecirme y proveer para mis necesidades diarias. Dame todo lo que necesito para glorificarte hoy. Oro en el nombre de Jesús, amén.

Declara libertad sobre pecados y ataduras

"Perdónanos nuestras deudas"

Dios te ama y quiere que experimentes su paz a medida que lo sigues. A veces, sin embargo, es posible que no cumplas la voluntad de Dios y sus caminos.

La Biblia identifica esto mediante seis palabras clave: **pecado** (Romanos 3:23), **deuda** (Mateo 6:12), **infracción de la ley** (1 Juan 3:4), **transgresión** (Salmos 32:5), **ofensa** (Efesios 2:1, Mateo 6:14) y **malicia** (Salmos 106:6).

"... y perdónanos nuestras deudas, como también nosotros hemos perdonado a nuestros deudores"
Mateo 6:12

Palabra para el pecado	Significado
Deuda	Lo que se debe, tu obligación, las consecuencias de tu pecado.
Infracción de la ley	Rechazo abierto, descarado de los mandamientos de Dios, falta de respeto por la ley.
Pecado	Errar al blanco, incapacidad de hacer el bien o manifestar santidad.
Transgresión	Pasarse de la raya, pérdida de autocontrol, dominio propio.
Ofensa	Desliz, capricho, pasión del momento.
Malicia	Deseo inmoral, depravado o malvado, obscenidad, impureza, suciedad.

Jesús te pide que ores "perdónanos nuestras deudas". Jesús usó la palabra "deuda", que, de muchas formas, engloba todas las otras palabras para el pecado y además busca liberación del castigo por tu pecado. En esta petición confesarás y renunciarás a toda área de pecado en tu vida, de tu pasado o de tu presente. Fuiste perdonado por todos tus pecados en la cruz, pero si luchas con un hábito o fortaleza que resurge constantemente en tu vida, confesar y renunciar a tu pecado cerrará esa puerta abierta al enemigo.

Para ayudarte a evaluar las experiencias espirituales de tu vida, marca las listas de verificación en cada categoría de pecado. Si la lista no incluye algo que hayas hecho, que crees que debería estar incluido, asegúrate de agregarlo. Incluso si participaste en algo de manera "inocente", o solo observaste a alguien que participó, debes escribirlo en tu lista y renunciar a ello, en caso de que le hayas dado algún punto de apoyo a Satanás sin darte cuenta.

No te sorprendas si sientes algún tipo de resistencia a medida que completas esta petición. Satanás no quiere que seas libre, y hará lo posible para que no reclames tu libertad. Antes de que hagas esta petición, ora de la siguiente forma:

Papá Dios

Muéstrame todo pecado en mi vida y revela a mi mente si he participado en prácticas incorrectas o hábitos dañinos, lo supiera o no. Quiero experimentar la libertad del pecado y hacer tu voluntad. Te lo pido en el nombre de Jesús, Amén.

Analiza la lista detenidamente y marca las actividades siguientes en las que hayas participado de alguna forma: tu pecado puede entrar en más de una categoría. El propósito no es categorizar el pecado, sino confesarlo y renunciar a él. Usa las categorías solo como una ayuda para poder identificar lo que tienes que confesar y renunciar. Proverbios 28:13 dice: *"Quien encubre su pecado jamás prospera; quien lo confiesa y lo deja halla perdón"*. Tu Padre Dios está dispuesto a darte toda la misericordia que necesitas.

Haz una pausa después de cada sección titulada en negrita y haz la oración que se encuentra al final de la lista. Usa la oración como guía para confesar y renunciar a cada punto marcado.

Papá Dios

Confieso que he participado en (nombra cada cosa). Gracias por mostrarme ahora cómo he actuado en tu contra. Te pido perdón, y renuncio a esto como una falsificación del verdadero cristianismo. Gracias porque en Cristo soy perdonado, amén.

Pecado: errar al blanco, incapacidad de hacer el bien o manifestar santidad.

____ Decir que no tengo pecado   ____ Creer que puedo ser santo por mi propia cuenta

____ Otros: _____

Deuda: lo que se debe, tu obligación, el castigo por tu pecado.

____ Ambición   ____ Robo   ____ Otros: _____

Infracción de la ley: rechazo abierto, descarado de los mandamientos de Dios, falta de respeto por la ley.

____ Pelea   ____ Borrachera   ____ Vandalismo   ____ Drogas

____ Indiferencia hacia las leyes de Dios   ____ Otros: _____

Transgresión: pasarse de la raya, pérdida de autocontrol, dominio propio.

____ Ira   ____ Mentira   ____ Malas palabras   ____ Insultos

____ Rebelión   ____Perfeccionismo   ____ Adicciones   ____ Otros: _____

Ofensa: desliz, capricho, pasión del momento.

____ Pensamientos lujuriosos   ____ Acciones lujuriosas   ____ Odio   ____ Envidia

____ Chisme   ____ Celos   ____ Discusión constante   ____ Violencia/abuso

____ Engaño   ____ Codicia   ____ Otros: _____

Malicia: deseo inmoral, depravado o malvado, obscenidad, acción impura, sucia y oculta.

____ Tabla Ouija   ____ Cartas Tarot   ____ Experiencia extracorporal

____ Guías espirituales   ____Bola 8 mágica   ____ Trances   ____ Alienígenas

____ Adivinos   ____ Lectura de manos   ____ Astrología   ____ Satanismo

____ Haber visto fantasmas   ____ Escritura automática   ____ Magia blanca

____ Sesiones de espiritismo   ____ Adoración a los ancestros   ____ Hipnosis

____ Horóscopos   ____ Espíritus sexuales   ____ María Sangrienta

____ Levitación   ____ Supersticiones   ____ Hacerse cortes   ____ Telepatía

____ Pactos de sangre   ____ Juegos de fantasía   ____ Constelaciones

____ Hechizos o maldiciones   ____ Brujería   ____ Artes marciales/devoción a un senséi

____ Objetos de adoración, cristales, amuletos para la suerte

____ Videojuegos de ocultismo o de juego de roles   ____ Quemar salvia/atrapasueños

____ Otros: _____

Después de haber confesado y renunciado a cada elemento, haz esta oración:

> ## Querido Padre celestial:
>
> Es tu bondad la que me ha llevado al arrepentimiento. Gracias por revelar estos pecados a mi mente. Sé que mi participación puede haber abierto puertas en mi vida a los enemigos del Señor Jesucristo, así que confieso mi pecado y cierro todas y cada una de las puertas que se puedan haber abierto por mi desobediencia a ti. Declaro que soy perdonado por la sangre de Cristo y que solo Él es el Señor de mi vida. Te doy gracias por tu perdón. Oro en el nombre de Jesús. amén.

Pecados sexuales

"No ofrezcan los miembros de su cuerpo al pecado como instrumentos de injusticia; al contrario, ofrézcanse más bien a Dios como quienes han vuelto de la muerte a la vida, presentando los miembros de su cuerpo como instrumentos de justicia".
Romanos 6:13

No todos los pecados son iguales. El pecado sexual es distinto de otros, porque involucra a tu cuerpo y crea una atadura espiritual a otras personas o espíritus malignos. La Biblia dice: *"Huyan de la inmoralidad sexual. Todos los demás pecados que una persona comete quedan fuera de su cuerpo; pero el que comete inmoralidades sexuales peca contra su propio cuerpo. ¿Acaso no saben que su cuerpo es templo del Espíritu Santo, quien está en ustedes y al que han recibido de parte de Dios? Ustedes no son sus propios dueños; fueron comprados por un precio. Por tanto, honren con su cuerpo a Dios"* (1 Corintios 6:18-20).

La siguiente parte de esta petición trata sobre la sexualidad y los pecados sexuales. Si has quedado atrapado en la trampa de pecar-confesar-pecar-confesar, es posible que tengas que seguir la sugerencia de Santiago 5:16: *"... confiésense unos a otros sus pecados, y oren unos por otros, para que sean sanados. La oración del justo es poderosa y eficaz"*. Busca una persona madura espiritualmente que te sostenga en oración y hable contigo de vez en cuando. Otras personas pueden necesitar nada más que la garantía de 1 Juan 1:9: *"Si confesamos nuestros pecados, Dios, que es fiel y justo, nos los perdonará y nos limpiará de toda maldad"*. Es tu responsabilidad no permitir que el pecado te controle al usar tu cuerpo como instrumento de injusticia (Romanos 6:12, 13).

Pídele a Dios que te ayude a identificar qué es lo que te cuesta y en qué estás atrapado. Puede que encuentres problemas de confusión de género, homosexualidad, voyerismo (disfrutar de ver a otros manteniendo relaciones sexuales), o comportamientos sexuales inadecuados. O bien, es posible que identifiques una lucha con pecados sexuales habituales tales como pornografía, masturbación, promiscuidad sexual o manoseo (caricias/toques sexualmente estimulantes). Ya sea que necesites confesar tus pecados a otros o solo a Dios, haz esta oración:

<u>Nota</u>: Para obtener ayuda específica sobre problemas de confusión de género, consulta el Apéndice A.

Padre todopoderoso:

Tú has dicho: *"revístanse ustedes del Señor Jesucristo, y no se preocupen por satisfacer los deseos de la naturaleza pecaminosa"* (Romanos 13:14). Entiendo que he cedido a los deseos carnales que combaten contra mi alma (1 Pedro 2:11). Te doy gracias porque en Cristo mis pecados son perdonados. Al quebrantar tu santa ley, le he dado al enemigo la oportunidad de librar una guerra en mi cuerpo (Romanos 6:12-13; 1 Pedro 5:8; Santiago 4:1). Vengo ante tu presencia para admitir estos pecados y buscar tu limpieza (1 Juan 1:9) para que pueda ser libre de las ataduras del pecado. Te pido que reveles a mi mente las maneras en que he quebrantado tu ley moral. Revela a mi mente cada uso sexual de mi cuerpo como un instrumento de injusticia. Oro en el precioso nombre de Jesús, amén.

A medida que el Señor traiga a tu mente cada uso incorrecto de tu cuerpo, ya sea que te hicieron a ti (por ejemplo, violación, incesto o cualquier abuso sexual) o hecho por ti voluntariamente, renuncia a cada uno.

Ora

Señor, renuncio a (nombra el uso específico de tu cuerpo) y rompo esa atadura pecaminosa con (nombre de la persona).

Ahora compromete tu cuerpo al Señor orando así:

Ora

Señor, renuncio a todos estos usos de mi cuerpo como un instrumento de injusticia. También confieso toda participación voluntaria. Ahora te presento todo mi cuerpo, mis ojos, mi boca, mi mente, mi corazón, mis manos, mis pies y mis órganos sexuales como sacrificio vivo, santo y agradable a ti; y reservo el uso sexual de mi cuerpo solo para el matrimonio (Hebreos 13:4). Renuncio a la mentira de Satanás de que mi cuerpo no está limpio, que está sucio o que es de alguna manera inaceptable como resultado de mis experiencias sexuales pasadas. Señor, te doy gracias porque me has limpiado y perdonado totalmente, porque me amas y me aceptas incondicionalmente, tal como soy. Por lo tanto, puedo aceptarme a mí mismo y a mi cuerpo como limpios a tus ojos. Oro en el nombre de Jesús, amén.

"Por lo tanto, hermanos, tomando en cuenta la misericordia de Dios, les ruego que cada uno de ustedes, en adoración espiritual, ofrezca su cuerpo como sacrificio vivo, santo y agradable a Dios. No se amolden al mundo actual, sino sean transformados mediante la renovación de su mente. Así podrán comprobar cuál es la voluntad de Dios, buena, agradable y perfecta".
Romanos 12:1-2

Perdona a aquellos que te hirieron

"Como también nosotros hemos perdonado a nuestros deudores"

En la petición seis recibiste perdón. Ahora es momento de perdonar a otras personas. Si no perdonas a las personas que te hirieron u ofendieron, eres un blanco fácil para los ataques de Satanás, y él puede aprovecharse de ti (2 Corintios 2:10-11). Elegir no perdonar abre una puerta al tormento personal y nos impide experimentar plenamente el perdón de Dios y caminar confiadamente en comunión con él (Mateo 18:21-35, Mateo 6:15). Este es uno de los motivos por los cuales Jesús incluyó *"como nosotros hemos perdonado a nuestros deudores"* en el padrenuestro. Él quiere que seas libre de toda amargura (Hebreos 12:15). Tenemos que perdonar a otros tal como Dios nos mostró misericordia y perdón (Lucas 6:36; Efesios 4:31-32).

Pídele a Dios que traiga a tu mente aquellas personas que necesitas perdonar a medida que haces esta oración en voz alta:

Señor Dios:

Gracias por tu bondad y paciencia, las cuales me llevaron a apartarme de mi pecado (Romanos 2:4). No siempre he sido amable, paciente y cariñoso con los demás, especialmente con aquellos que me han herido. He sido rencoroso y resentido. Te entrego mis emociones, y te pido que me traigas a la mente recuerdos dolorosos para que pueda elegir perdonar de corazón. Te pido que traigas a mi mente a las personas que necesito perdonar (Mateo 18:35). Te pido esto en el precioso nombre de Jesús, quien me sanará de mis heridas, amén.

En una hoja aparte, haz una lista de los nombres que te vengan a la mente. No te sorprendas si tus padres están en los primeros lugares. Para el 90% de la gente que guiamos a través de estas peticiones, los primeros dos nombres de la lista son sus padres. Las dos personas que más a menudo se pasan por alto en las listas son uno mismo y Dios. Perdonarte a ti mismo por tus fracasos demuestra que aceptas la limpieza y el perdón de Dios. Técnicamente, no necesitamos perdonar a Dios. Sin duda, él no ha hecho nada malo, no puede. Pero quizás clamaste a él con alguna necesidad y pareció no responderte, por lo que te enojaste con él. Quizá necesites dejar de responsabilizarlo por no estar a la altura de tus falsas expectativas.

Si lo necesitas, vuelve a la primera petición para asegurarte de que no tengas pensamientos en contra de Dios.

Antes de orar para perdonar a las personas de tu lista, hay algunas cosas importantes que necesitas recordar acerca del perdón: (más información en las páginas 53 y 54)

Lo que el perdón SÍ es:
- es fundamental para nuestra libertad;
- es necesario para cerrar puertas al enemigo;
- es elegir no vengarse;
- es elegir no tener en cuenta el pecado del otro en su contra;
- es buscar la justicia en la cruz de Cristo;
- es un acto de amor: perdonamos porque Él nos perdonó a nosotros.

Lo que el perdón NO es:
- no es olvidar la ofensa;
- no es justificar el pecado.

Si se enojan, no pequen. No permitan que el enojo les dure hasta la puesta del sol, ni den cabida al diablo".
Efesios 4:26-27

¿Cómo perdonamos de corazón? Primero, debemos admitir la herida, el dolor o el odio que sentimos, en vez de enterrarlos dentro nuestro. Si el perdón no tiene en cuenta las emociones, estará incompleto. Puede que no sepas cómo lidiar con tus sentimientos, pero Dios sí sabe. Déjalo sacar tu dolor a la superficie, para que pueda trabajar en él. Aquí es donde comienza la sanidad.

El perdón no significa que tienes que tolerar el pecado recurrente. Es posible perdonar los pecados del pasado y oponerse a los pecados del presente. No esperes hasta que te den ganas de perdonar. Nunca llegarás a ese punto. Lleva tiempo sanar los sentimientos después de tomar la decisión de perdonar, y de que Satanás haya perdido su lugar (Efesios 4:26-27).

Por cada persona de tu lista, ora en voz alta de la siguiente forma:

Jesús:

Decido perdonar a (nombra a la persona) por (nombra específicamente todas sus ofensas y los recuerdos dolorosos que vienen a tu mente), que me hizo sentir (menciona los sentimientos de dolor). Señor, tú me perdonas, así que decido perdonar a (nombra a la persona).

Sigue orando por cada persona hasta que estés seguro de que has trabajado con todo el dolor que recuerdas. Los sentimientos positivos llegarán a su tiempo; liberarte de las heridas del pasado es un asunto importante. Después de que hayas perdonado a cada persona de tu lista, termina esta petición orando en voz alta:

Querido Padre:

Decido quitar de raíz toda amargura y resentimiento que tengo hacia (nombra a la persona) y te pido que la bendigas con crecimiento espiritual, salud física, relaciones afectivas y la provisión de todo lo bueno que necesite. Que experimente la misma identidad y libertad en Cristo que yo he encontrado. Oro en el nombre de Jesús, amén.

En él tenemos la redención mediante su sangre, el perdón de nuestros pecados, conforme a las riquezas de la gracia que Dios nos dio en abundancia con toda sabiduría y entendimiento. Él nos hizo conocer el misterio de su voluntad conforme al buen propósito que de antemano estableció en Cristo, para llevarlo a cabo cuando se cumpliera el tiempo, esto es, reunir en él todas las cosas, tanto las del cielo como las de la tierra (Efesios 1:7-10).

Declara tu victoria en Cristo

"Y no nos dejes caer en tentación"

Las peticiones anteriores se enfocan en los pecados pasados, mientras que esta petición, "no nos dejes caer en tentación", se enfoca en pecados futuros. Cuando oras "no nos dejes caer en tentación" no estás orando "Señor, no me tientes". Dios nunca te tentará. Santiago 1:13 dice: *"Que nadie, al ser tentado, diga: "Es Dios quien me tienta". Porque Dios no puede ser tentado por el mal, ni tampoco tienta él a nadie".* Le estás pidiendo a tu Padre que guíe tus pasos por los caminos donde él andaría. Es negarse a andar por los caminos del mundo, la carne y el diablo.

Enfrentar y resistir la tentación desarrolla nuestra fe.

De la misma manera, cuando oras "no nos dejes caer en tentación" no dices "no permitas que me tienten". Ese tipo de oración niega la realidad del mundo, la carne y el diablo. Un cristiano nunca es tan bueno como para no ser tentado o engañado por el "padre de mentira" (Juan 8:44). El diablo nos acusa día y noche (Apocalipsis 12:10). Solo puedes detectar la oscuridad del engaño a la luz de la verdad. Enfrentar y resistir la tentación desarrolla nuestra fe.

Comienza esta petición rompiendo los patrones establecidos que te llevan a decir "sí" a la tentación.

Abba Padre:

Confieso que no siempre he dicho "no" a la tentación y he creído mentiras. He sido engañado por Satanás, el padre de la mentira (Juan 8:44), y me he engañado a mí mismo (1 Juan 1:8). Pensé que podría ocultártelo, pero tú lo ves todo y me sigues amando. Soy tu hijo por la muerte, sepultura y resurrección de mi Señor Jesucristo. Por lo tanto, por la autoridad del Señor Jesucristo, ordeno a todos los espíritus malignos que me dejen. Le pido al Espíritu Santo que me guíe a toda la verdad. Te pido, Padre, que mires dentro de mí y conozcas mi corazón. Muéstrame si hay algo en mí que estoy tratando de ocultar (Salmo 139:23-24), para que pueda resistir cualquier tentación que venga a mi camino y pueda caminar libre. Oro en el nombre de Jesús, amén.

Tómate un tiempo aquí para pensar en los engaños malignos que Satanás ha usado contigo. ¿Has estado escuchando a maestros falsos o espíritus engañosos? ¿Has vivido en autoengaño? ¿Has puesto excusas para defender tu comportamiento? ¡Ahora que estás vivo en Cristo y eres perdonado, no tienes que vivir una mentira o defenderte! Repasa la lista de verificación de las páginas siguientes, marca las que se apliquen a tu caso y haz la oración después de cada lista.

Formas en que el mundo puede engañarme

_____ Creer que puedo decirle "sí" a la tentación y pecar sin que me afecte a mí, a otros, o a mi comunión con Dios (Apocalipsis 3:20; Hebreos 3:12-13).

_____ Creer que no hay consecuencias terrenales por decirle que sí a la tentación y al pecado (Gálatas 6:7-8).

_____ Creer que Dios puede quitar toda la diversión de mi vida si le digo "no" a la tentación (Juan 10:10).

_____ Creer que necesito más de lo que Dios me ha dado en Cristo ("necesito a Jesús MÁS _____") (2 Corintios 11:2-4; 13-15).

_____ Creer que puedo leer, ver o escuchar lo que quiera sin que me afecte espiritualmente (Proverbios 4:23-27; 6:27-28; Mateo 5:28).

_____ Creer que puedo andar en malas compañías sin que mis creencias y acciones se tergiversen (1 Corintios 15:33-34; Proverbios 1:8-10; 4:14-15).

_____ Creer que el dinero y las cosas me traerán gratificación (Mateo 13:22; 1 Timoteo 6:10).

_____ Creer que la comida o el alcohol en exceso me pueden hacer feliz o quitarme el estrés (Proverbios 20:1; 23:19-21).

_____ Creer que un cuerpo atractivo o sexy me pueden dar lo que quiero o necesito (Proverbios 31:30; 1 Pedro 3:3-4).

_____ Otras: _____

Ora

Señor, reconozco que he sido engañado en el área de _____.
Gracias por perdonarme. Me comprometo a conocer y seguir tu verdad.

Formas en las que puedo engañarme a mí mismo

_____ Escuchar la Palabra de Dios, pero no hacer lo que dice (Santiago 1:22; 4:17).

_____ Decir que no tengo pecado (1 Juan 1:8).

_____ Pensar que soy algo que en verdad no soy (Gálatas 6:3).

_____ Pensar que soy sabio en las cosas del mundo (1 Corintios 3:18, 19).

_____ Pensar que no cosecharé lo que sembré (Gálatas 6:7).

_____ Pensar que las personas no santas tendrán parte en el reino de Dios (1 Corintios 6:9).

_____ Pensar que puedo ser un buen cristiano y aun así herir a otros con lo que digo (Santiago 1:26).

Ora

Señor, reconozco que me he engañado a mí mismo en el área de _____.
Gracias por perdonarme. Me comprometo a conocer y seguir tu verdad.

Formas incorrectas de defenderme

_____ Negarme a enfrentar la realidad de cosas que me han pasado (negación de la realidad).

_____ Escapar del mundo real, vivir en una fantasía.

_____ Retraerme para evitar el rechazo, aislamiento emocional.

_____ Volver a un tiempo menos amenazante (regresión).

_____ Desquitarme de las frustraciones con otros (ira desplazada).

_____ Culpar a otros (proyección).

_____Buscar excusas (racionalización).

_____ Representarme mal a mí mismo, creando una imagen falsa (engaño).

Ora

> Padre, reconozco que he intentado defenderme de esta forma _____.
> Gracias por perdonarme. Me comprometo a conocer y seguir tu verdad.

Escoger la verdad y decirle "no" a la tentación puede ser difícil si has estado viviendo una mentira (o siendo engañado) por algún tiempo. Entender que eres perdonado y aceptado como hijo de Dios es lo que te hace libre para enfrentar la realidad, declarar tu dependencia de él y vencer la tentación.

Aprópiate de la humildad

El orgullo mata. El orgullo dice: "¡Yo puedo hacerlo! Puedo salir de este lío sin la ayuda de Dios ni de nadie". ¡No, no podemos! Necesitamos a Dios definitivamente, ¡y necesitamos los unos de los otros con urgencia! Pablo escribió: _"... por medio del Espíritu de Dios adoramos, nos enorgullecemos en Cristo Jesús y no ponemos nuestra confianza en esfuerzos humanos"_ (Filipenses 3:3).

La humildad es la confianza puesta en Dios de manera adecuada. Tenemos que _"fortalecer[nos] con el gran poder del Señor"_ (Efesios 6:10). De hecho, en Santiago 4:6-10 y 1 Pedro 5:1-10 se nos dice que llegarán problemas espirituales cuando seamos orgullosos.

Pídele a Dios que te muestre todas las áreas específicas en tu vida en las que has sido orgulloso. Marca los que creas que se aplican a tu vida y, luego, ora.

_____ Deseo más hacer mi voluntad que la de Dios.

_____ Descanso en mi propia fuerza en vez de la de Dios.

_____ Con demasiada frecuencia, pienso que mis ideas son mejores que las de los demás.

_____ Quiero controlar a otros en vez de desarrollar autocontrol.

_____ A veces me considero más importante que los demás.

_____ A veces me resulta difícil admitir que estaba equivocado.

_____ A menudo prefiero agradar a la gente antes que a Dios.

_____ Me preocupa demasiado obtener el reconocimiento que merezco.

_____ A menudo pienso que soy más humilde que otros.

_____ A menudo creo que soy más inteligente que aquellos en autoridad sobre mí (padres, jefes, maestros, etc.)

_____ A menudo siento que mis necesidades son más importantes que las de los demás.

_____ A menudo me obsesiono con lo malo que soy, o con lo fracasado que soy. Esta es una forma de orgullo ("falsa modestia"), porque mis pensamientos están consumidos por MÍ.

_____ Otras: _____

Ora

Señor, reconozco que he sido orgulloso de esta forma _____.
Perdóname por mi orgullo. Decido humillarme y poner toda mi confianza en ti.
Oro en el nombre de Jesús, amén

Usa la siguiente oración para expresar tu compromiso a vivir con humildad delante de Dios:

Padre todopoderoso:

"Ámense los unos a los otros con amor fraternal, respetándose y honrándose mutuamente. Romanos 12:10

Tú dices que *"Al orgullo le sigue la destrucción; a la altanería, el fracaso"* (Proverbios 16:18). Confieso que he estado pensando principalmente en mí y no en los demás. No me he negado a mí mismo, tomado mi cruz cada día ni te he seguido (Mateo 16:24). He creído que soy el único que se preocupa por mí, así que debo cuidarme a mí mismo. Me he apartado de ti y no te he dejado amarme. Estoy cansado de vivir para mí y por mi cuenta. Ahora confieso que he pecado contra ti anteponiendo mi voluntad a la tuya y centrando mi vida en mí mismo en vez de en ti. Renuncio a mi orgullo y egoísmo. Cancelo cualquier terreno ganado por los enemigos del Señor Jesucristo. Te pido que me llenes de tu Espíritu Santo para que pueda hacer tu voluntad. Te entrego mi corazón y me opongo a todas las formas en que Satanás me ataca. Te pido que me muestres cómo vivir para los demás. Ahora decido considerar a los demás como más importantes que yo mismo y ponerte a ti como lo más importante de todo (Filipenses 2:3-11; Romanos 12:10). Te lo pido en el nombre de Cristo Jesús mi Señor, amén.

9 Declara tu protección en Cristo

"Sino líbranos del maligno"

Cuando oras "líbranos del maligno", confiesas que crees en alguien extremadamente malvado. La Biblia lo identifica como Satanás, y su plan no es solo jugar con los creyentes, sino robarles, matarlos y destruirlos. Hará lo que pueda para hacerte daño. Cuando oras "líbranos del maligno", admites que la vida es una batalla espiritual con un enemigo espiritual que se opone a ti y a Dios.

Pídele a Dios que le revele a tu mente toda acción o experiencia espiritual en la que hayas participado a medida que lees las preguntas de la próxima página. Estas te ayudarán a identificar toda práctica no cristiana en la que hayas participado. Incluso si participaste en algo de manera "inocente", o solo observaste a alguien que participó, debes escribirlo y renunciar a ello, en caso de que le hayas dado algún punto de apoyo a Satanás sin darte cuenta. Si el Espíritu Santo te lo trae a la mente, entonces actúa.

No te sorprendas si sientes algún tipo de resistencia a medida que completas esta petición. Satanás no quiere que seas libre, y hará todo lo que pueda para que no reclames tu libertad. Si sientes resistencia, ordénale que se vaya. Para obtener ayuda al respecto, ve a la declaración de la página 65.

Comienza esta petición así:

> *"Porque nuestra lucha no es contra seres humanos, sino contra poderes, contra autoridades, contra potestades que dominan este mundo de tinieblas, contra fuerzas espirituales malignas en las regiones celestiales".*
> *Efesios 6:12*

Querido Padre:

Te pido que me reveles todo lo que haya hecho o que alguien me haya hecho que sea espiritualmente peligroso. Revela a mi mente si he participado en alguna secta, falsa religión, prácticas ocultas/satánicas o falsos maestros, ya sea que supiera que estaba involucrado o no. Quiero experimentar la libertad del pecado y hacer tu voluntad. Te lo pido en el nombre de Jesús, Amén.

Marca todas las opciones que correspondan:

_____ ¿Alguna vez participaste en otras religiones no cristianas (por ejemplo, islam, budismo, bahaísmo, etc.)?

_____ ¿Alguna vez tuviste experiencias no cristianas a través de sectas (por ejemplo, con mormones, ciencia cristiana, testigos de Jehová, etc.)?

_____ ¿Alguna vez participaste en alguna hermandad o sociedad secreta (por ejemplo, pandillas, DeMolay, masones, Hijas de Job, la Orden Internacional del Arco Iris para Niñas, hermandades, sororidades, fraternidades, etc.)?

_____ ¿Alguna vez participaste en actividades que influencian la mente (por ejemplo, yoga, meditación trascendental, hipnosis, etc.)?

_____ ¿Alguna vez participaste en cualquier tipo de medio que te pueda haber influenciado negativamente, causado miedo o pesadillas, glorificado a Satanás, a la violencia, o a cosas de naturaleza sexual o carnal (por ejemplo, películas, televisión, música, libros, revistas, historietas, videojuegos, juegos de roles, etc.)?

_____ ¿Alguna vez sentiste, escuchaste o viste algún ser espiritual en tu habitación?

_____ ¿Alguna vez has tenido una pesadilla recurrente?

_____ ¿Alguna vez has sufrido parálisis del sueño?

_____ ¿Alguna vez has tenido un amigo imaginario que te habla?

_____ ¿Alguna vez has escuchado voces en tu cabeza o tenido pensamientos repetitivos y perturbadores como "soy tonto", "soy feo", "no puedo hacer nada bien", etc., como si fuera una conversación en tu cabeza?

_____ ¿Alguna vez tú o alguien de tu familia consultó con un médium, espiritista o canalizador?

_____ ¿Qué otras experiencias espirituales has tenido que podrían considerarse fuera de lo común (telepatía, hablar en trance, saber algo de manera sobrenatural, etc.)?

_____ ¿Alguna vez participaste en adoración satánica de cualquier forma, o asistido a un concierto donde Satanás fuera el centro? ¿Alguna vez has participado de rituales satánicos o actividades?

_____ Otros _____

Cuando estés seguro de que tu lista está completa, confiesa y renuncia a cada participación haciendo en voz alta la siguiente oración, repitiéndola por separado para cada elemento de tu lista.

Señor Jesús: ──────────────────────────────────

Confieso que he participado en _____. Renuncio a esto por oponerse al verdadero cristianismo, por lo que pido y recibo tu perdón. En el nombre de Jesús, también ordeno a cualquier espíritu maligno que haya tratado de influenciar mi mente, mi cuerpo, mis sueños o mi espacio físico: ¡que se vaya ahora!

Después de haber confesado y renunciado a cada elemento, haz esta oración:

Querido Padre celestial:

Es tu bondad la que me ha llevado al arrepentimiento. Gracias por revelar estos pecados a mi mente. Confieso que, directa o indirectamente, participé en estos pecados y que te ofendieron. Sé que mi participación puede haber abierto puertas en mi vida a los enemigos del Señor Jesucristo, así que confieso mi pecado y cierro todas y cada una de las puertas que se puedan haber abierto por mi desobediencia a ti. Declaro que soy perdonado por la sangre de Cristo y que solo Él es el Señor de mi vida. Te doy gracias por tu perdón. Oro en el nombre de Jesús, amén.

"¿No ves que desprecias las riquezas de la bondad de Dios, de su tolerancia y de su paciencia, al no reconocer que su bondad quiere llevarte al arrepentimiento?"
Romanos 2:4

Vence el miedo

Una de las principales armas del enemigo es el miedo. En 1 Pedro 5:8 dice que nuestro enemigo, el diablo, ronda como león rugiente, buscando a quién devorar. Tal como un rugido de león infunde terror en los corazones de quienes lo oyen, Satanás usa el miedo para intentar paralizar a los cristianos. Sus tácticas de intimidación están diseñadas para robarnos la fe en Dios y llevarnos a intentar satisfacer nuestras necesidades por medio del mundo o la carne. El miedo nos asusta, nos hace centrarnos en nosotros mismos, y nubla nuestras mentes para que no podamos pensar en nada más que en lo que nos asusta. Pero el miedo solo nos puede controlar si lo dejamos. Dios nos liberó de la esclavitud del miedo cuando nos adoptó como hijos suyos.

"Y ustedes no recibieron un espíritu que de nuevo los esclavice al miedo, sino el Espíritu que los adopta como hijos y les permite clamar: ¡Abba! ¡Padre!"
Romanos 8:15

Para comenzar a experimentar libertad de la atadura del miedo y poder caminar por la fe en Dios, haz esta oración de todo corazón:

Querido Padre celestial:

Te confieso que he escuchado el rugido del diablo y he permitido que el miedo me domine. No siempre he caminado por fe, sino que me he centrado en mis sentimientos y circunstancias (2 Corintios 4:16-18; 5:7). Te doy gracias por perdonarme por mi incredulidad. Renuncio al espíritu de temor y proclamo la verdad de que tú no me has dado un espíritu de temor, sino de poder, amor y dominio propio (2 Timoteo 1:7). Revela ahora a mi mente todos los temores que me han estado controlando para que pueda renunciar a ellos y ser libre para caminar por fe en ti. Oro en el poderoso nombre de Jesús, amén.

Esta lista puede ayudarte a reconocer algunos de los miedos que el diablo ha usado para que no camines por fe. Marca los que creas que se aplican a tu vida: Escribe cualquier otro que el Espíritu de Dios te traiga a la mente. Luego, renuncia a esos miedos en voz alta, uno por uno, usando la declaración sugerida en la página siguiente.

_____ Miedo a la muerte

_____ Miedo a Satanás

_____ Miedo al fracaso

_____ Miedo al rechazo de la gente

_____ Miedo a pasar vergüenza

_____ Miedo a no recibir aprobación

_____ Miedo a ser victimizado

_____ Miedo a problemas financieros

_____ Miedo al matrimonio

_____ Miedo a nunca casarse

_____ Miedo al divorcio

_____ Miedo a volverse homosexual

_____ Miedo a volverse loco

_____ Miedo a la muerte de un ser querido

_____ Miedo al dolor

_____ Miedo a ser un caso perdido

_____ Miedo a perder la salvación

_____ Miedo a no ser amado por Dios

_____ Miedo a haber cometido el pecado imperdonable

_____ Miedo a nunca ser capaz de amar o de ser amado por alguien

_____ Otros miedos específicos: _____

¡Declara! ────────────────────────

Renuncio al (nombre del miedo) porque Dios no me ha dado un espíritu de miedo. Decido vivir por la fe en Dios, que ha prometido protegerme y satisfacer todas mis necesidades mientras camine por la fe en Él (Salmo 27:1; Mateo 6:33-34).

Luego de que hayas terminado de renunciar a todos los miedos específicos que has permitido que te controlen, haz esta oración de todo corazón:

Ora ────────────────────────

Te doy gracias porque eres digno de confianza. Decido creer en ti, incluso cuando mis sentimientos y las circunstancias me dicen que tenga miedo. Tú me has dicho que no tema, porque tú estás conmigo; que no mire con ansiedad a mi alrededor, porque tú eres mi Dios. Tú me fortalecerás, me ayudarás y me sostendrás con tu diestra victoriosa (Isaías 41:10). Oro con fe en el nombre de Jesús, amén.

Analiza tu miedo

Saber cuándo y cómo experimentaste por primera vez tus miedos es importante para vencerlos y vivir en victoria. Cuando lidias con el miedo, es importante que tengas un plan responsable para estar listo para enfrentar todo miedo que se interponga en tu camino. Aquí hay varias preguntas que te pueden ayudar en este aspecto:

¿Cuándo experimentaste este miedo por primera vez, y qué cosas pasaron antes de eso? ¿Qué desencadena a este miedo ahora?

¿Qué mentiras has estado creyendo sobre este miedo?

¿De qué manera este miedo te ha impedido vivir una vida responsable?

Nota: Para obtener más ayuda en esta área del miedo lee Libre del miedo, de Neil Anderson, o *Emergiendo de la Oscuridad*, de Neil Anderson y el Dr. Dave Park. Visita infusionnow.org o llama al 865-966-1153 para pedir recursos.

La armadura de Dios

Con la oración de la página siguiente, tómate tiempo para orar sobre la armadura de Dios. Como creyentes, es sabio que hagamos esto todos los días y declaremos nuestra dependencia total de Dios. Recuerda que oras con una verdadera armadura espiritual. Te estás vistiendo con Cristo Jesús (Romanos 13:14).

La armadura de Dios

Me pongo el cinturón de la verdad: Padre, dame hambre de tu palabra. Sé que es la verdad y quiero que mi vida esté centrada en ti y en tu palabra. Tú has prometido que la verdad me hará libre (Juan 8:32), así que me pongo el cinturón de la verdad y decido creer la verdad y hablar la verdad en amor.

Me pongo la coraza de la justicia: Padre, te agradezco porque todo el poder del pecado fue anulado en la cruz y porque cuando confié en Jesús como mi Salvador, todos mis pecados fueron limpiados. Ahora soy justo y santo a tus ojos (Romanos 5:1). Me has hecho completamente aceptable para ti. Soy santo (Efesios 1:1). Me visto con tu justicia para caminar por tus caminos.

Me pongo los zapatos del evangelio de la paz: Padre, quiero estar preparado para cualquier batalla espiritual e ir a donde tú quieras que vaya. Decido ser sal y luz para los demás en la tierra (Mateo 5:13-14). Decido ser tu testigo de Cristo (Hechos 1:8).

Decido ser un ministro de reconciliación y volver a reconciliar a las personas contigo (2 Corintios 5:17-21). Decido ser un instrumento de paz y perdonar, sanar, restaurar y bendecir a los que me rodean. Decido vivir en paz con todos (Efesios 2:14; Filipenses 4:13).

Tomo el escudo de la fe: Padre, proclamo que Jesús es el único objeto de mi fe (Gálatas 2:20; Hebreos 13:8). Creo que me escuchas y me respondes cuando te llamo. Gracias porque me has dado toda la fe que necesito para vivir hoy para ti (Romanos 12:3). Ahora avanzo, apagando los dardos de fuego del temor, la duda, la insuficiencia y la incredulidad, y proclamo que Jesús es mi fortaleza.

Me pongo el yelmo de la salvación: Padre, te doy gracias por mi salvación. Gracias por hacerme tu hijo y porque eres mi "Abba" Padre. Te doy gracias porque nadie puede condenarme ahora que estoy en Cristo (Romanos 8:1,31) y porque nada puede separarme de ti ni de tu amor (Romanos 8:35). Por tu regalo de salvación, estoy seguro de que todas las cosas ayudarán a bien (Romanos 8:28). Reclamo toda la victoria de Jesús para mi vida como mi Señor, Salvador, Redentor y Libertador. Tengo la mente de Cristo y estoy completo en Él (Colosenses 2:10).

Tomo la espada del Espíritu, la Palabra hablada de Dios: Padre, me has dado a Jesús, que es la Palabra de Dios que vive en mí. Decido ser lleno de tu Espíritu y obedecerte a ti y a tu palabra. Llena mi mente (corazón) con tu palabra para que, en mi tiempo de necesidad, pueda traer a mi mente tu verdad. Señor, tomo la ofensiva y uso tu palabra como un arma espiritual para destruir los estorbos espirituales y reclamar mi victoria en Cristo (Santiago 4:7). Hoy decido mantener mis ojos en Jesús y caminar conforme al Espíritu (Juan 1:1-4; 6:63). Amén.

Vence el pecado generacional

En el padrenuestro, Jesús quiere que reclames e invoques la protección espiritual que tienes en Cristo. Es importante que te alejes de los pecados de tus ancestros (padres, abuelos, bisabuelos, etc.) y de toda maldición o patrones pecaminosos que puedan haber recaído en ti. Algunos ejemplos son la mentira, el robo, las adicciones, el adulterio, la pornografía, la violencia, el abuso, el juego, el divorcio, el suicidio, la ansiedad, la depresión, la ira, el miedo, etc. Estos patrones pueden pasar de miembros de una generación a la siguiente (Éxodo 20:4-6). Tú no eres culpable de sus pecados, pero a causa de estos pecados pasados, Satanás puede haber ganado un punto de apoyo en tu familia. Debes renunciar a todos los pecados y maldiciones de tus ancestros y declarar tu libertad espiritual en Cristo. Para caminar libre de influencias pasadas, haz la siguiente declaración:

¡Declara!

Rechazo y me desentiendo de todos los pecados de mis antepasados, específicamente_____. He sido librado del reino de las tinieblas para entrar en el reino del amado Hijo de Dios, por lo que anulo toda influencia demoníaca que se me haya transmitido de mis antepasados.

Declaro que he sido crucificado y resucitado con Jesucristo y me siento con Él en los lugares celestiales. Renuncio a todas las asignaciones satánicas que están dirigidas hacia mí, y cancelo toda maldición que Satanás y sus colaboradores han puesto sobre mí. Declaro a Satanás y a todas sus fuerzas que Cristo se convirtió en maldición por mí (Gálatas 3:13) cuando murió por mis pecados en la cruz. Rechazo todas y cada una de las formas en que Satanás pueda reclamar ser mi dueño. Pertenezco al Señor Jesucristo quien me compró con su propia sangre.

Rechazo todos los sacrificios de sangre por los cuales Satanás pueda reclamar ser mi dueño. Me declaro eterna y completamente entregado y comprometido al Señor Jesucristo. Por la autoridad que tengo en Jesucristo, ahora ordeno a todo espíritu de familia y a todo enemigo del Señor Jesucristo que esté en mí o a mi alrededor que salga de mi presencia. Me encomiendo a mi Padre celestial, para hacer su voluntad desde este día en adelante.

Bendición

"Porque tuyo es el reino, el poder y la gloria, por todos los siglos. Amén"

Aunque esta bendición no se incluye al final del padrenuestro en muchos manuscritos, consideramos adecuado terminar este tiempo de oración adorando a nuestro Padre. Cuando oras "porque tuyo es el reino, el poder y la gloria, por todos los siglos", estás bendiciendo a Dios de tres formas. Primero, bendices a Dios al reconocer su reino y su derecho soberano a gobernar tu vida. Anuncias que tiene el derecho de responder tus oraciones a su manera, sabiendo que hará lo mejor para ti. Segundo, cuando dices "poder", proclamas que Dios tiene la fuerza y la capacidad de responder tus oraciones, y nada en el cielo ni en la tierra lo puede detener. Tercero, cuando dices "gloria", le das a Dios todo el reconocimiento por el perdón, la libertad y las bendiciones de tu vida.

Bendice a Dios en este momento diciendo así:

"No se amolden al mundo actual, sino sean transformados mediante la renovación de su mente. Así podrán comprobar cuál es la voluntad de Dios, buena, agradable y perfecta".
Romanos 12:1

Querido Padre celestial:

Bendigo tu Santo Nombre porque me has hecho tu hijo, que fue comprado del pecado con la sangre del Señor Jesucristo. Tú eres el Señor del universo y el Señor de mi vida. Tú eres mi Rey y solo a ti te adoro. Te entrego mi cuerpo como un instrumento de justicia, un sacrificio vivo, para que pueda glorificarte en mi cuerpo. Te pido que me llenes ahora con tu Espíritu Santo. Decido vivir por el poder de tu Espíritu. Me comprometo a renovar mi mente con tu verdad para comprobar que tu voluntad es buena, perfecta y agradable para mí (Romanos 12:1-2). Te doy toda la gloria por mi victoria en Cristo, porque tuyo es el reino, y el poder y la gloria, por los siglos de los siglos, amén.

Unas palabras

A través de esta Jornada de oración has dado pasos importantes para volver a tener paz con Dios. Has aplicado el modelo de oración que Jesús les dio a sus discípulos; no como una fórmula, sino como un encuentro personal con tu Padre celestial. Le has permitido al Espíritu Santo que te guíe. Sigue viviendo tu vida con esta actitud de oración, buscando la revelación y la guía del Espíritu Santo en tu vida. Vuelve a estas peticiones con frecuencia. Sé presto a adorar a tu Padre, buscar su guía y rendirte a sus planes. No confíes en ti mismo para tu provisión cotidiana, descansa en Dios. Reclama la libertad y recibe el perdón que el Padre te ofrece en Jesús, su hijo.

Es posible que encuentres influencias que intenten restablecer las fortalezas que se destruyeron. Una victoria no significa que la guerra haya terminado. La libertad se debe mantener. Permanecerás libre, siempre y cuando te mantengas en una relación adecuada con Dios. Si tropiezas y caes, levántate inmediatamente y ponte en buenos términos con Dios de nuevo.

A continuación, hay algunas sugerencias que te pueden ayudar a mantener la intimidad y la libertad que has experimentado hoy con tu Abba Padre.

❖ Comprométete con la Palabra de Dios. Separa tiempo a diario para leer la Biblia. Deja que tus pensamientos habiten en la verdad de Dios y graba sus palabras en tu memoria. Recuerda: cuando te encuentres con una verdad, créela; una promesa, reclámala; una orden, comprométete a obedecerla.

❖ Dedícate a la oración. Habla con tu "Abba" Padre regularmente, seguido, ¡todo el tiempo! Conéctate con él compartiendo tus pensamientos y sentimientos, pero también escuchando su ánimo y sus indicaciones. Utiliza el enfoque de las 6 "R" que tratamos en el mensaje 3 de Libertad EPIC (página 49) para arrepentirte de cualquier pecado que el Señor te revele.

❖ Durante cada uno de los próximos 40 días, considera una de las afirmaciones de "Mi identidad en Cristo" (páginas 29 o 34-35); lee el pasaje correspondiente y declara la afirmación, en voz alta, como tu identidad (por ejemplo, "Soy hijo de Dios"; "Soy santo").

❖ Participa en una iglesia. Conéctate semanalmente con otros cristianos para adorar y animarse unos a otros. Encuéntrate con un amigo cercano o un grupo pequeño de creyentes para compartir tus luchas y tus victorias. ¡Debes participar en una comunidad cristiana para vivir plenamente tu identidad y libertad en Cristo!

Para obtener más información y recursos, consulta nuestro sitio web infusionnow.org o llámanos al 865-966-1153.

Epílogo: Vive una vida EPIC

Sigue a Jesús hacia la cruz

> *"Luego dijo Jesús a sus discípulos: — Si alguien quiere ser mi discípulo, tiene que **negarse** a sí mismo, tomar su **cruz** y **seguirme**".*
> Mateo 16:24

Niégate a ti mismo

- No es autonegación.
  No es renunciar a cosas para que Dios me acepte, es decidir poner a Cristo en primer lugar en todas las cosas.

- Debes servir a alguien (Mateo 6:24). Nos gusta pensar que podemos ser nuestros propios amos. Esto es un engaño. La Biblia nos dice que somos o esclavos de Dios, o esclavos del pecado y de Satanás (Juan 8:34; Romanos 6:11-18; 2 Timoteo 2:25-26). Vivir de acuerdo con los valores de un mundo sin Dios a nuestro alrededor es lo mismo que ser esclavos de Satanás, porque él es "el dios de este mundo" (1 Juan 2:15-17; 5:9).

  "Nadie puede servir a dos señores, pues menospreciará a uno y amará al otro, o querrá mucho a uno y despreciará al otro" (Mateo 6:24).

- Elige la nueva vida de servicio a Cristo (Juan 12:24-26; Gálatas 2:20).
  "He sido crucificado con Cristo, y ya no vivo yo, sino que Cristo vive en mí. Lo que ahora vivo en el cuerpo, lo vivo por la fe en el Hijo de Dios, quien me amó y dio su vida por mí" (Gálatas 2:20).

Toma tu cruz todos los días (Lucas 9:23)

Debemos recordarnos diariamente a nosotros mismos que somos completamente perdonados por nuestros pecados gracias a la muerte de Cristo en la cruz (Efesios 1:7; Colosenses 2:13-14; Hebreos 10:10, 17-18). Por medio de la muerte de Cristo en la cruz, también hemos sido liberados de la esclavitud del pecado para vivir una nueva vida para Dios (Juan 8:36). Por el Espíritu, tenemos que tomar la decisión diaria de morir a los malos hábitos de nuestro cuerpo (Romanos 8:13).

"En él tenemos la redención mediante su sangre, el perdón de nuestros pecados, conforme a las riquezas de la gracia" (Efesios 1:7).

"Así que, si el Hijo los libera, serán ustedes verdaderamente libres" (Juan 8:36).

Sígueme

La decisión de seguir a Cristo es solo nuestra; nadie puede tomarla en nuestro lugar. El poder para seguir a Cristo, no obstante, viene únicamente del Espíritu Santo que vive dentro de nosotros. Si el Espíritu no nos guía, pronto nos cansaremos de resistir la tentación, y nos rendiremos al pecado (Gálatas 5:16-17, 25; Romanos 8:9-14).

"Así que les digo: Vivan por el Espíritu, y no seguirán los deseos de la naturaleza pecaminosa" (Gálatas 5:16).

"Sin embargo, ustedes no viven según la naturaleza pecaminosa, sino según el Espíritu, si es que el Espíritu de Dios vive en ustedes" (Romanos 8:9).

> *"Me has dado a conocer la senda de la vida; me llenarás de alegría en tu presencia, y de dicha eterna a tu derecha" (Salmos 16:11).*

Encuentra vida y alegría en Cristo (Mateo 16:25-27)

- Abandona la mala vida para obtener la buena (v. 25).

- Abandona el placer de las cosas para obtener el placer de la vida (v. 26).

- Abandona las cosas que son temporales para obtener lo eterno (v. 27).

"Yo he venido para que tengan vida, y la tengan en abundancia" (Juan 10:10).

"Les he dicho esto para que tengan mi alegría y así su alegría sea completa".
Juan 15:11

El llamado al ministerio (Isaías 6:1-8)

- Todos tienen un ministerio.

- Algunos tienen un llamado a un ministerio vocacional a tiempo completo.

- Un llamado no es mejor que otro. (¿Qué es lo que quiere Dios?)

¿Quién irá por nosotros? Y respondí:
—Aquí estoy.
¡Envíame a mí!"
Isaías 6:8

Apéndice A   Vence la confusión de género

Si alguna vez se te ha presentado el pensamiento de que tu género es diferente de tu sexo biológico, no estás solo. Si alguna vez has oído una voz que te dice que podrías no tener género o tener un género fluido, no estás solo. No estás solo porque el Señor Jesucristo también fue tentado (probado) de la misma manera.

> *"Porque no tenemos un sumo sacerdote incapaz de compadecerse de nuestras debilidades, sino uno que ha sido tentado en todo de la misma manera que nosotros, aunque sin pecado. Así que acerquémonos confiadamente al trono de la gracia para recibir misericordia y hallar la gracia que nos ayude en el momento que más la necesitemos"* (Hebreos 4:15-16).

La disforia de género es un conflicto entre el sexo biológico de una persona y su identidad de género autopercibida. Puede que tu lucha contra la disforia de género se haya limitado a tu vida mental; puede que quizás hayas intentado aliviar la tensión cambiando tu apariencia, tomando medicamentos hormonales o sometiéndote a cirugías para que tu cuerpo se ajuste más a tu género autopercibido. Cualquiera que sea el caso, si has confiado solo en Jesús para el perdón de tus pecados, eres una nueva creación en Cristo, y estás totalmente equipado para desmantelar la fortaleza de la disforia de género. Hoy, mientras luchas esta batalla, Él te invita a acercarte a su trono de gracia para recibir misericordia y encontrar la gracia en tu momento de necesidad.

Isaías 42:3 dice: *"No acabará de romper la caña quebrada, ni apagará la mecha que apenas arde"*. Su corazón y Su intención hacia ti es avivar tu alma en una llama de vida abundante, no apagarte en tu momento de necesidad.

Comienza elevando esta oración a quien te ve, te conoce y se identifica contigo y tus luchas:

Señor Jesús:

Creo que cuando caminaste por esta tierra experimentaste todas las tentaciones posibles, incluidas las mismas que me acosan a mí. Tú no cediste a esas tentaciones, sino que me diste ejemplo de fidelidad total al Padre. Tú eres mi Sumo Sacerdote, por quien recibo misericordia para que me ayude en los momentos de necesidad. Espíritu Santo, hoy dejo a un lado las agendas del mundo, de mi propia carne y del diablo. Háblame y guíame a la luz de tu gloriosa verdad y libertad. Oro en el nombre de Jesús, amén.

Afirma que Jesús es tu creador

"Porque por medio de él fueron creadas todas las cosas en el cielo y en la tierra, visibles e invisibles, sean tronos, poderes, principados o autoridades: todo ha sido creado por medio de él y para él" (Colosenses 1:16).

"En el principio la Palabra ya existía. La Palabra estaba con Dios, y la Palabra era Dios. El que es la Palabra existía en el principio con Dios. Dios creó todas las cosas por medio de él, y nada fue creado sin él" (Juan 1:1-3 NTV).

Jesús, el sumo sacerdote perfecto que comprende todo lo que atraviesas, es más que eso: ¡es tu creador! De acuerdo con la voluntad del Padre y el poder del Espíritu, te creó de forma maravillosa y única para Él y sus propósitos. Él ha moldeado meticulosamente tu espíritu, alma, cuerpo, género, personalidad, habilidades, dones espirituales, y ha declarado que eres "muy bueno" (Génesis 1:31). Como tu creador, solo Él tiene el derecho de definir quién eres realmente.

Sin embargo, el efecto de la rebelión de la humanidad contra el creador es que todo en Su orden creado se rompió y necesita ser restaurado (Romanos 8:18-23). Esto significa que no hay un solo aspecto de nuestro diseño original que no haya sido enormemente distorsionado por el pecado (consulta Identidad EPIC, Mensaje 2, págs. 14-15). Las manifestaciones de este quebrantamiento en la sexualidad humana incluyen: la fornicación (relaciones sexuales fuera del matrimonio bíblico), la infidelidad, la homosexualidad y la confusión de género, por nombrar algunas. Desafortunadamente, otro efecto de la caída es que ahora estamos tentados a buscar en nosotros mismos, en otras personas, en espíritus mentirosos, e incluso en nuestro propio quebrantamiento, un sentido de identidad personal.

Honra hoy a Él como tu creador, reconoce el quebrantamiento de tu vida en necesidad de restauración, e internaliza la verdad de que solo Él tiene el derecho de definir quién eres. Haz la siguiente oración:

Señor Jesús:

Tú eres mi creador. Me has hecho para desempeñar un papel importante y único en tu gran proyecto de restauración. Empiezo por m necesidad de renovación personal: deseo vivir cada vez más como la persona que ya soy en Cristo. No excluyo ninguna parte de mi vida de tu toque sanador y vivificador, ni siquiera lo que siento sobre mis deseos sexuales o mi identidad de género. Acepto que solo tú tienes derecho a definirme, ¡porque tú me hiciste! Oro en el nombre de Jesús, amén.

Afirma que Él es para ti

"Difícilmente habrá quien muera por un justo, aunque tal vez haya quien se atreva a morir por una persona buena. Pero Dios demuestra su amor por nosotros en esto: en que cuando todavía éramos pecadores, Cristo murió por nosotros" (Romanos 5:8).

"Porque yo sé muy bien los planes que tengo para ustedes —afirma el Señor—, planes de bienestar y no de calamidad, a fin de darles un futuro y una esperanza" (Jeremías 29:11).

Tu propio sentido de identidad de género no define quién eres, la cruz de Cristo define quién eres: un precioso hijo de Dios que es amado, aceptado y eternamente bendecido por Él. En Romanos 5:7-8 se nos enseña que como Dios ya te amó cuando eras pecador, en tu peor momento, Él continuará amándote incondicionalmente.

Jesús ha pagado el precio por tu espíritu, alma y cuerpo, y Él se preocupa más por tu bienestar y futuro que tú, o cualquier otra persona. Con su amor sacrificial, Él ha demostrado que es el único objeto digno de tu confianza. Puedes confiar en que Él te hablará a través de su palabra y su Espíritu. Incluso a través del dolor de la confusión de género, te guía de una manera que da como resultado lo mejor para ti, para los demás, y es lo mejor para su gloria. Afirma tu convicción de que esto es cierto:

Querido Padre celestial:

Gracias por tu amor incondicional y constante. Sé que soy amado porque enviaste a tu Hijo a pagar la pena que merecían mis pecados. Señor Jesús, porque antepusiste mi bienestar al tuyo, confío más en lo que tú dices que en las mentiras del enemigo o en mis propios pensamientos, sentimientos y emociones. Espíritu Santo, porque he recibido a Cristo, me alegro de que hayas venido a habitar en mí, fortaleciéndome para hacer tu voluntad. Ahora pongo mi voluntad ante tu asombroso amor y gracia. Jesús, como mi Creador y Salvador mereces mucho más que el derecho de dirigir mi vida, para tu gloria y mi mayor bienestar. Oro en el nombre de Jesús, amén.

Afirma que Dios y su palabra son supremos

Considera detenidamente estos pasajes:

"Porque mis pensamientos no son los de ustedes, ni sus caminos son los míos —afirma el Señor —. Mis caminos y mis pensamientos son más altos que los de ustedes; más altos que los cielos sobre la tierra!" (Isaías 55:8-9).

"Toda la Escritura es inspirada por Dios y útil para enseñar, para reprender, para corregir y para instruir en la justicia, a fin de que el siervo de Dios esté enteramente capacitado para toda buena obra." (2 Timoteo 3:16-17).

"Confía en el Señor de todo corazón, y no en tu propia inteligencia Reconócelo en todos tus caminos, y él allanará tus sendas" (Proverbios 3:5-6).

Según lo registrado en Juan 17:16-17, Jesús oró esto al Padre en nombre de todos sus discípulos (entre los que te encuentras tú): *"Ellos no son del mundo, como tampoco lo soy yo. Santifícalos en la verdad; tu palabra es la verdad"*. Para derribar la fortaleza espiritual de la disforia de género, Dios no te pide más de lo que le pide a cualquier otra persona que se enfrente a una tentación que parece imposible de resistir: deja a un lado tus propios pensamientos, comprensión y sentimientos para confiar en su conocimiento perfecto, su amor transformador y su autoridad absoluta.

Dios declara que la distancia entre nuestros pensamientos y caminos comparados con los suyos es comparable a la distancia entre el suelo bajo nuestros pies y la estrella más lejana del universo. Teniendo en cuenta que la estrella más cercana a nosotros, el sol, está a 93 millones de millas, ¡es un contraste impresionante!

El punto es este: el que creó todas las cosas nos ha revelado su voluntad superior y sus caminos a través de su palabra. En Cristo, el Espíritu Santo abre nuestras mentes a la autoridad de las Escrituras. Su palabra es la verdad. Los pensamientos y sentimientos sobre el género, o cualquier otra cosa, no dictan lo que es verdad. Su palabra dicta lo que es verdad. Esto es muy importante, porque otras voces (algunas bien intencionadas) amenazan continuamente con ahogar la voz de Dios en nuestras vidas. Tómate un momento y pídele al Espíritu Santo que te revele a qué voces has dado más peso que a la voz de Dios, especialmente en este tema de la identidad de género.

_____ Satanás y sus demonios;

_____ familia y amigos;

_____ cultura popular; por ejemplo, películas, programas de televisión, videos, podcasts, vlogs y programas de radio;

_____ médicos, psiquiatras y científicos sociales;

_____ redes sociales;

_____ personas famosas;

_____ políticos;

_____ profesionales influyentes y organizaciones sociales;

_____ la carne (lo que queda de tu vida anterior a Cristo que nos incita a satisfacer nuestras necesidades fuera de Él).

Ahora, ora así:

Dios todopoderoso:

Toda sabiduría te pertenece, y tú eres el único creador y soberano legítimo del universo. Tu voz y voluntad son supremas. Tu palabra expresada a través de la Santa Biblia es verdadera y tiene autoridad. En esta área de la identidad de género, confieso que he escuchado y creído a estas voces por encima de tu voz (sé específico):_____. Renuncio a la lealtad a cualquier otra voz (humana o espiritual) que me diga lo que es contrario a tu voluntad y a tus caminos. En tu nombre, Jesús, ordeno a cualquier fuerza espiritual del mal que sea silenciada y abandone mi presencia. Padre, con gusto recibo tu perdón y afirmo como lo hizo Jesús: no vivo solo de pan, sino de toda palabra que sale de tu boca. Me deleito en ti. Espíritu Santo, crea en mí nuevos pensamientos, sentimientos, deseos y sueños coherentes con la voluntad del Padre para mí (Salmo 37:4). Tú tienes mi oído atento, mi corazón receptivo y mi obediencia voluntaria. Oro en el nombre de Jesús, amén.

Vuelve a casa

En la parábola del hijo pródigo (Lucas 15:11-32), Jesús deja claro cómo debemos responder cuando las tentaciones nos llevan a alejarnos de quien nos ha amado con pasión y nos ha adoptado como hijos (Efesios 1:5, Juan 1:12). ¡Solo nos llama a volver a casa! Esta es una hermosa imagen de lo que las Escrituras llaman "arrepentimiento". El arrepentimiento es un cambio de mentalidad de 180 grados, que se traduce en un cambio de 180 grados en las elecciones, palabras y acciones. El resultado es la restauración de la comunión con Dios, una mente renovada, la transformación y la alegría.

Ahora considera lo que Jesús, el Creador y Salvador, dice con respecto a la identidad de género:

"Pero al principio de la creación Dios los hizo hombre y mujer". Por eso dejará el hombre a su padre y a su madre, y se unirá a su esposa, y los dos llegarán a ser un solo cuerpo". Así que ya no son dos, sino uno solo. Por tanto, lo que Dios ha unido, que no lo separe el hombre" (Marcos 10:6-9).

"Y Dios creó al ser humano a su imagen; lo creó a imagen de Dios. Hombre y mujer los creó" (Génesis 1:27).

A partir de estos pasajes, ¿qué aprendemos sobre el diseño original de Dios con respecto al género?

En primer lugar, Dios ha creado la raza humana de forma estrictamente binaria, lo que significa que solo hay dos géneros, masculino y femenino.

En segundo lugar, el decreto de Dios de que "los dos llegarán a ser uno... ya no son dos, sino una sola carne" significa que el hombre y la mujer han sido creados de forma distinta para complementarse mutuamente, para encajar física, emocional y espiritualmente. Creó a la mujer para que fuera una colaboradora, hecha a la medida del hombre (Génesis 2:18), y su compañera para engendrar hijos, llenar la tierra y someterla (Génesis 1:28). Dios ha comunicado claramente que cada género es distinto y no es intercambiable con el otro.

En tercer lugar, como único creador de cada persona, Jesús te ha creado maravillosamente con tus rasgos físicos, personalidad y talentos únicos. También ha "asignado" tu género como masculino o femenino. Toda la Escritura afirma que Dios ha creado a la humanidad de manera que hay una unidad entre el sexo biológico y la identidad de género. Tu género en la concepción, evidenciado por tu biología al nacer, es tu verdadero género dado por Dios, y es un precioso regalo para usarlo de modo que le dé la gloria a Dios.

En 1 Corintios 6:19-20 dice: *"¿Acaso no saben que su cuerpo es templo del Espíritu Santo, quien está en ustedes y al que han recibido de parte de Dios? Ustedes no son sus propios dueños; fueron comprados por un precio. Por tanto, honren con su cuerpo a Dios".*

En este pasaje se nos quiere decir que ninguno de nosotros tiene derecho a hacer lo que quiera con su cuerpo. En la cruz, Jesús nos compró, de dentro a fuera, y de la cabeza a los pies. Nuestros cuerpos son suyos, para que Él los gobierne según su voluntad.

Las Escrituras hablan de comportamientos que hay que confesar y a los que hay que renunciar, porque son contrarios al género que Dios te ha dado:

- Un hombre no debe tener comportamientos sexuales como una mujer; una mujer no debe tener comportamientos sexuales como un hombre (Levítico 18:22, Romanos 1:18-32, 1 Corintios 6:9-10).
- La mujer no debe vestirse como hombre; el hombre no debe vestirse como mujer (Deuteronomio 22:5).

Estos mandamientos abarcan otras cosas que puedas haber hecho, o haber tenido la tentación de hacer, para identificarte con el sexo opuesto (marca o enumera cualquier actividad que el Espíritu Santo te traiga a la mente):

_____ Cambiar de peinado

_____ Packing (cuando una mujer intenta aparentar tener genitales masculinos)

_____ Tucking (cuando un hombre intenta aparentar que no tiene genitales masculinos)

_____ Vendaje (cuando una mujer intenta disimular sus pechos para parecer un hombre)

_____ Rellenar la figura (cuando un hombre se coloca accesorios en la ropa para simular una figura más femenina)

_____ Terapia hormonal

_____ Cirugías en la cara, el pecho o los genitales

_____ Depilación de la cara o el cuerpo (para que un hombre parezca más femenino)

_____ Terapia del habla, para sonar más como alguien del sexo opuesto

_____ "Salir del clóset" ante mi familia, amigos y otras personas al presentarme como lo opuesto al género que Dios me ha dado

_____ Realizar cambios en mis documentos legales para expresar un cambio de sexo, nombre y pronombres preferidos

_____ Otros: _____

Ahora, Dios te invita y te llama a "volver a casa" (arrepentirte) y orar:

Querido Jesús:

Tu Espíritu me ha revelado con gracia que he puesto mis sentimientos, creencias y acciones por encima de tu Palabra. Mis sentimientos no hacen que las mentiras sean verdad. Me he alejado de ti, pero ahora vuelvo a casa, a tus brazos de amor. Me arrepiento de creer que mi identidad de género es diferente de aquella con la que me creaste. También me arrepiento específicamente de estas cosas que he considerado o he hecho (puntos que marcaste arriba):_____.
Ahora, recibo con gusto tu perdón, porque tú has prometido perdonarme (1 Juan 1:9). Renuevo mi mente declarando que soy una nueva creación en Cristo. Soy hijo de Dios y santo. También estoy de acuerdo contigo, mi creador, sumo sacerdote y salvador, en que me has hecho _____(varón/mujer). Resisto y ordeno que se silencie cualquier voz que se oponga a esta verdad, ¡en el nombre de Jesús! Me comprometo, con el poder de tu Espíritu, y la ayuda de mis hermanos y hermanas en Cristo, a pensar y actuar de acuerdo con mi género real. Oro en el nombre de Jesús, amén.

Perdona

El perdón es como la dinamita que derriba las fortalezas espirituales. Asegúrate de perdonar a quienes:

- hayan abusado de ti verbal, física o sexualmente. Estos abusos son canales frecuentes de difusión de mentiras sobre el género y la sexualidad. Renuncia a cualquier mentira que el Espíritu te revele y que haya sido provocada por casos de abuso.

- hayan influido en ti, directa o indirectamente, hacia el transexualismo como medio para intentar aliviar tu confusión de género.

- se hayan burlado de ti o te hayan hostigado por tus expresiones de identidad de género. Esto incluye a aquellos que han puesto en duda el género que Dios te ha dado, o que te han ridiculizado, ya que has actuado de manera contraria al género que Dios te ha dado.

* Vuelve a consultar la petición 7 (pág. 94) en esta jornada de oración, según sea necesario.

De ahora en adelante

Cuando luches con la diferencia entre la verdad de Dios y lo que has pensado y sentido, es importante entender que ser tentado a pecar no es lo mismo que cometer pecado. Cuando te enfrentas a voces que cuestionan tu identidad de género, no estás pecando. Siempre que esto suceda, lleva el pensamiento cautivo inmediatamente, renuncia a él, y usa tu autoridad en Cristo para silenciar la voz mentirosa del enemigo. Luego, contrarresta la mentira con la verdad de Dios.

En muchos casos, hay que abordar el pecado generacional. Todos vivimos bajo la influencia de nuestros ancestros, incluidas las tendencias hacia ciertos patrones de pecado (Éxodo 20:5-6). Aunque la confusión de género puede o no ser parte de la historia de tu familia, puede haber patrones de pecado sexual, incluido el abuso, que hayan abierto las puertas a la influencia del enemigo con respecto a tu género. Según el Espíritu Santo revele patrones de pecado de tu historia familiar, tienes el derecho y la obligación de confesar los pecados de tu herencia familiar, junto con tus propias contribuciones al pecado intergeneracional (ver Nehemías 1:6; 9:1-2).

* Consulta Vence el pecado generacional en la petición 9 (pág. 107) para obtener ayuda con esto.

Asegúrate de orar y buscar creyentes que te amen tal como eres, y recorran contigo el camino de la restauración, señalándote fielmente tu verdadera identidad y libertad en Cristo.

Con el tiempo (o al instante, en algunos casos) el Señor puede eliminar de tu vida todos los pensamientos y sentimientos asociados a la disforia de género. Sin embargo, aunque estos persistan, Él te fortalecerá con su gracia para que desees y actúes según su voluntad, en lugar de hacerlo según tus sentimientos.

Él te invita a seguir de cerca su paso, a ser fortalecido por su gracia y a disfrutar de la plenitud de la vida con Él. Él no quiere arruinar tu vida, sino satisfacerla ahora y eternamente.

Concluye este tiempo orando conforme a Romanos 12:1-2:

Querido Padre:

Te entrego mi mente y mi cuerpo por todo lo que has hecho por mí. Que sean para ti un sacrificio vivo y santo, pues esta es la clase de adoración que tú consideras aceptable. No copiaré el comportamiento y las costumbres de este mundo. Por el contrario, dejaré que me transformes plenamente en la persona nueva que ya soy, cambiando mi manera de pensar, de hablar y de actuar. De este modo, aprenderé a conocer y a hacer tu voluntad para mí, que es buena, agradable y perfecta. En el maravilloso y poderoso nombre de Jesús, amén.

"Por lo tanto, pónganse toda la armadura de Dios, para que cuando llegue el día malo puedan resistir hasta el fin con firmeza. Porque nuestra lucha no es contra seres humanos, sino contra poderes, contra autoridades, contra potestades que dominan este mundo de tinieblas, contra fuerzas espirituales malignas en las regiones celestiales" (Efesios 6:11-12).

Prepárate para el ministerio: ponte la armadura de Dios

1. Abróchate el cinturón de la verdad

- Llena tu mente de la verdad (Juan 8:31-32; 17:15-17).

- Cuéntales a otros la verdad (Efesios 4:15, 25).

- El cinturón de la verdad te protege de las mentiras y el engaño de Satanás (Juan 8:44; Apocalipsis 12:9).

2. Ponte la coraza de justicia

- En Cristo, eres justificado ante Dios (Romanos 4:5; 1 Corintios 1:30).

- Si pecas, confiésalo enseguida (1 Juan 1:9-22).

- Vive tu vida para Cristo, no para el pecado (Romanos 13:12-14).

- La coraza de justicia te protege de las acusaciones y tentaciones (Apocalipsis 12:10; Mateo 4:3).

3. Afirma tus pies y camina con las sandalias del evangelio de la paz

- Recuerda que ya tienes paz con Dios (Romanos 5:1).

- No te preocupes, sino deja que la paz gobierne tu corazón (Colosenses 3:15; Filipenses 4:6-7).

- Comparte el mensaje de paz de Dios con tu vida y tus palabras (Mateo 5:9; 2 Corintios 5:18-20).

- Las sandalias del evangelio de paz te permitirán afirmarte frente al miedo, la ansiedad y la persecución.

4. Toma el escudo de la fe

Conocer quién es Dios, quién eres en Cristo y cuál es la verdad te permitirá caminar en la fe ¡incluso cuando Satanás te lance sus flechas más dolorosas! Algunas de las flechas encendidas de Satanás son:

Duda	Culpa	Persecución	Miedo
Soledad	Chisme	Enfermedad	Abuso
Ansiedad	Desánimo/depresión		

¡Tu fe puede apagar todas las flechas encendidas que el diablo te dispare!

5. Toma el casco de la salvación

- El casco protege la parte más importante de tu cuerpo: la cabeza. Tu mente es donde las batallas espirituales se ganan o se pierden.

- La seguridad de salvación es una parte clave de nuestra armadura espiritual. Aquellos a quienes el diablo ataca muy a menudo tienen dudas acerca de su salvación (1 Juan 5:11-13; Juan 10:27-30; 1 Tesalonicenses 5:8).

6. Toma la espada del Espíritu: la Palabra hablada de Dios

- Satanás no puede leer nuestras mentes, así que no tiene que obedecer nuestros pensamientos.

- Jesús, cuando fue tentado, pronunció la Palabra de Dios con voz audible a Satanás (Mateo 4:1-11). Satanás se vio forzado a dejar a Jesús.

- Satanás no se impresiona por nuestros grandes argumentos, voces fuertes o personalidades carismáticas, pero debe huir ante la verdad pronunciada por un cristiano que verdaderamente está caminando con Dios (Santiago 4:7).

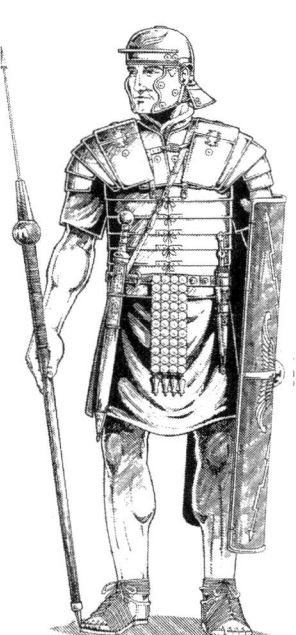

"Por lo tanto, pónganse toda la armadura de Dios, para que cuando llegue el día malo puedan resistir hasta el fin con firmeza. Manténganse firmes, ceñidos con el cinturón de la verdad, protegidos por la coraza de justicia, y calzados con la disposición de proclamar el evangelio de la paz. Además de todo esto, tomen el escudo de la fe, con el cual pueden apagar todas las flechas encendidas del maligno. Tomen el casco de la salvación y la espada del Espíritu, que es la palabra de Dios" (Efesios 6:13-17).

La fe analiza los hechos

40 profecías

Profecía		Predicción en el Antiguo Testamento	Cumplimiento en el Nuevo Testamento
1	Nacido de una mujer	Génesis 3:15, Isaías 7:14	Gálatas 4:4
2	Descendiente de Abraham	Génesis 12:1-3	Mateo 1:1
3	Descendiente de Isaac	Génesis 17:19	Lucas 3:34
4	Descendiente de Jacob	Números 24:17	Mateo 1:2
5	De la tribu de Judá	Génesis 49:10	Lucas 3:32-33
6	De la casa de David	2 Samuel 7:12	Mateo 1:1
7	Heredero al trono de David	Isaías 9:7	Lucas 1:32-33
8	Nacería en Belén	Miqueas 5:2	Lucas 2:4-7
9	Ungido por el Espíritu Santo	Isaías 11:2	Mateo 3:16-17
10	Nacido de una virgen	Isaías 7:14	Lucas 1:26-27, 30-31
11	El tiempo de su nacimiento	Daniel 9:24-25	483 años luego del 444 A. C.
12	Anunciado por un mensajero	Isaías 40:3	Lucas 3:3-6
13	Antecedido por un precursor	Malaquías 3:1	Lucas 7:24,27
14	Antecedido por Elías	Malaquías 4:5-6	Mateo 11:13-14
15	Ministerio de milagros	Isaías 35:5	Mateo 9:35
16	Limpiará el templo	Malaquías 3:1	Mateo 21:12
17	Rechazado por su pueblo judío	Salmo 118:22	1 Pedro 2:7
18	Declarado el Hijo de Dios	Salmo 2:7	Mateo 3:17
19	Servirá en Galilea	Isaías 9:1	Mateo 4:13-16
20	Hablará con parábolas	Salmo 78:2-4	Mateo 13:34-35
21	Entrada triunfal	Zacarías 9:9	Marcos 11:7,9,11
22	Morirá de forma humillante	Salmo 22	Mateo 27
23	Será traicionado por un amigo cercano	Salmo 41:9	Lucas 22:47-48
24	Traicionado por 30 monedas de plata	Zacarías 11:12	Mateo 26:15
25	Acusado por falsos testigos	Salmo 35:11	Marcos 14:57
26	Guardará silencio ante sus acusadores	Isaías 53:3, 7	Mateo 27:12-19
27	Será ridiculizado y burlado	Salmo 22:7	Lucas 23:35
28	Lo escupirán y golpearán	Isaías 50:6	Mateo 26:67
29	Manos y pies atravesados	Salmo 22:16	Lucas 23:33
30	Será crucificado con ladrones	Isaías 53:12	Mateo 17:38
31	Orará por sus enemigos	Salmo 109:4, Isaías 53:12	Lucas 23:34
32	Tendrá sed en la cruz	Salmo 69:21	Juan 19:28

33	Echarán suertes por su ropa	Salmo 22:17-18	Juan 19:23
34	Abandonado por Dios	Salmo 22:1	Mateo 27:46
35	No se le quebrarán los huesos	Salmo 34:20	Juan 19:32-33, 36
36	Le atravesarán su costado	Zacarías 12:10	Juan 19:34
37	Lo sepultarán en la tumba de un hombre rico	Isaías 53:9	Mateo 27:57-60
38	Resucitará	Salmo 2:7, 16:10; 49:15	Marcos 16:6,7, Hechos 2:31
39	Ascenderá al cielo	Salmo 68:18	Hechos 1:9
40	Se sentará a la diestra de Dios	Salmo 110:1	Hebreos 1:3

Solamente un ser divino puede hacer este tipo de predicciones precisas, incluso unos cuatrocientos o hasta seiscientos años antes de que sucedan. Cuando tantas de estas profecías convergen en la vida de un solo hombre, se vuelve nada menos que un milagro.

Evidencia bibliográfica: cantidad de manuscritos

¿Podemos confiar en la Biblia? ¿Hay suficientes manuscritos primitivos del Nuevo o Antiguo Testamento para asegurar que ha sido transmitida fielmente? El Nuevo Testamento supera cualquier otro documento histórico de su tipo. *Hay más de 25,000 manuscritos antiguos, o fragmentos de ellos, entre los cuales hay más de 5,300 escritos en el griego original.* Hay colecciones completas de libros de Nuevos Testamentos conservados en un formato encuadernado similar a la Biblia de hoy. Estos se llaman códices. Compáralos con solo 193 copias de los escritos de Sófocles y verás claramente lo asombrosa que es la conservación de los manuscritos del Nuevo Testamento. Hoy tenemos en nuestras manos las mismas cartas del Nuevo Testamento que tenía la iglesia primitiva, ¡coinciden perfectamente!

¿Sabías qué? De todos los documentos anteriores al siglo II, la Ilíada de Homero está en un lejano segundo lugar con solo 643 fragmentos de manuscritos. Nadie duda de que la Ilíada de Homero que leemos sea tal cual como él la escribió, porque tenemos muchas copias. El Nuevo Testamento tiene más de 25,000 copias y aun así cuestionamos la Biblia. Increíble, ¿no? ¡Podemos confiar en la Biblia!

Fidelidad de los manuscritos

Cuando se comparan entre ellos, ¿qué tan fieles parecen estos manuscritos? ¿Todos dicen lo mismo? Naturalmente, mientras más manuscritos haya disponibles, menos posibilidades hay de que coincidan de manera precisa.

La Biblia desafía estas probabilidades. Aunque que no hay suficientes copias para determinar la precisión de la mayoría de los documentos históricos, el Nuevo Testamento se considera preciso en más del 99%. El ínfimo porcentaje de discrepancias casi siempre se debe a cambios de menor importancia en la ortografía o redacción. Prácticamente no hay cambios importantes de significado.

Una de las grandes evidencias de esto surgió con el descubrimiento de los rollos del mar Muerto, y de hecho, tiene que ver con documentos del Antiguo Testamento. Antes de este descubrimiento, el manuscrito hebreo de la Biblia entera más antiguo que se hubiera conocido era el Códice de Alepo, escrito cerca del año 900 d. C. Cuando desenterraron los rollos, los eruditos no podían creer que el texto era prácticamente idéntico al Códice de Alepo, a pesar de que estos databan de aproximadamente 200 años a. C... ¡Más de mil años más antiguo!

Período transcurrido

¿Cuánto tiempo transcurrió entre la escritura original y la primera copia que tenemos disponible hoy? Un período más largo desde el original significaría más producciones de copias; por lo tanto, más probabilidades de error humano. La mayoría de las primeras copias que tenemos de los documentos del Nuevo Testamento datan de dentro de los 90 años después del original; algunos podrían estar más cerca que los 20 años. Hasta hace muy poco, un fragmento del evangelio de Juan, de cerca del 125 d. C., era la primera copia conocida de todas las partes del Nuevo Testamento. En 1972, sin embargo, se encontraron nueve fragmentos de manuscritos del Nuevo Testamento en las cuevas cerca del mar Muerto. Entre ellas, había parte de Marcos, del 50 d. C, parte de Lucas, del 57 d. C. y parte de Hechos, del 66 d. C. (todas fechas aproximadas). Extraordinariamente, esto las ubica temporalmente no más de una década o dos —quizás solo algunos años— después de los documentos originales.

Se han encontrado manuscritos completos del Nuevo Testamento, tales como el Códice Vaticano, del 325-50 d. C., y el Códice Sinaítico, del 350 d. C. Compáralo con las primeras copias de los escritos de Sófocles, que datan de 1,400 años luego de su escritura original.

Comparación con otras obras literarias

El siguiente cuadro muestra cómo se comparan otras obras literarias con la Biblia. Primero, observa la cantidad de copias vigentes (copias hechas a partir del original) que todavía existen. Además, observa cuán corto es el lapso entre el original y las primeras copias. De los dos pasos principales de la crítica literaria, no hay otra obra en la historia que se pueda comparar con la Biblia. (Información condensada y adaptada de Josh McDowell, Evidencia que exige un veredicto. Here's Life Publishers, Inc., San Bernardino, CA, 1992, págs. 42-43.)

> Sencillamente, no hay ningún otro libro que sea tan preciso desde el punto de vista textual como la Biblia, nada que se le parezca.
>
> Dios sabía que necesitábamos su Palabra y la preservó y protegió para nosotros.
> ¡Podemos confiar en la Palabra de Dios!

Cuadro comparativo de otras obras literarias y la Biblia

Obra/autor	Fecha de escritura	Primera copia	Años transcurridos	Cantidad de copias
César	100-44 a. C.	900 d. C.	1000	10
Platón	427-347 a. C.	900 d. C.	1200	7
Sófocles	496-406 a. C.	1000 d. C.	1400	193
Aristóteles	384-322 a. C.	1100 d. C.	1400	49
Ilíada (Homero)	900 a. C.	400 a. C.	500	643
Tácito	100 d. C.	1100 d. C.	1000	20
Tucídides	460-400 a. C.	900 d. C.	1300	8
Heródoto	480-425 a. C.	900 d. C.	1300	8
Eurípides	480-406 a. C.	1100 d. C.	1500	9
Aristófanes	450-385 a. C.	900 d. C.	1200	10
Nuevo Testamento	**40-90 d. C.**	**50 d. C.**	**< 20**	**25,000**

Jesús realmente vivió

Hay mucha evidencia que respalda la existencia de Cristo. Tanto el excelente texto histórico del Nuevo testamento como muchos historiadores seculares registran los acontecimientos de su vida. Una gran cantidad de escritores primitivos hacen referencia a Cristo, entre ellos, Thales, Suetonio, Flegón (solo conocido por las referencias de Orígenes), Plinio, el Joven, Orígenes, y el Talmud judío. Orígenes escribe en su libro *Against Celsus* (Contra Celso):

> "Sobre el eclipse acontecido en tiempo de Tiberio César, bajo cuyo imperio parece haber sido crucificado Jesús, y sobre los grandes terremotos de entonces, escribió Flegón, creo que en el libro trece o catorce de su Crónica".
>
> (Orígenes, Contra Celso. En inglés, esta cita fue extraída de Roberts, Alexander, and Donaldson, James, eds. "The Ante-Nicene Fathers" [Los padres Antenicenos]. Grand Rapids. Editorial William B. Eerdsmans Co., 1973).

Orígenes claramente identifica a Jesús como un conocido hombre durante el tiempo de Tiberio César. Otra referencia conocida es la de Josefo, un historiador judío que nació solo unos años luego de que Jesús muriera. En su libro Antigüedades judías, terminado en el 93 d. C., Josefo escribe:

"Por aquel tiempo existió un hombre sabio, llamado Jesús, si es lícito llamarlo hombre, porque realizó grandes milagros y fue maestro de aquellos hombres que aceptan con placer la verdad. Atrajo a muchos judíos y muchos gentiles. Era el Cristo. Delatado por los principales de los judíos, Pilato lo condenó a la crucifixión. Aquellos que antes lo habían amado no dejaron de hacerlo, porque se les apareció al tercer día resucitado; los profetas habían anunciado este y mil otros hechos maravillosos acerca de él. Desde entonces hasta la actualidad existe la agrupación de los cristianos".

Jesús decía ser Dios, el Mesías

Esta declaración de ser una deidad tiene buen fundamento. Los judíos consideraban este acto una herejía, y esta era precisamente la razón por la cual querían matarlo. Observa los siguientes pasajes:

"'Sé que viene el Mesías, al que llaman el Cristo —respondió la mujer—. Cuando él venga nos explicará todas las cosas'. 'Ese soy yo, el que habla contigo', le dijo Jesús" (Juan 4:25-26).

"Entonces Jesús le dijo: "Yo soy la resurrección y la vida. El que cree en mí vivirá, aunque muera; y todo el que vive y cree en mí no morirá jamás. ¿Crees esto?" "Sí, Señor; yo creo que tú eres el Cristo, el Hijo de Dios, el que había de venir al mundo"" (Juan 11:25-27).

La vida de Cristo es un hecho histórico

Como señala F. F. Bruce:

"Algunos escritores pueden jugar con la fantasía de un Cristo-mito, pero no lo hacen con base en evidencia histórica. La historicidad de Cristo es tan axiomática para un historiador imparcial como lo es la historicidad de Julio César. Los que propagan las teorías "Cristo-mito" no son los historiadores".

(Bruce, F.F. *The New Testament Documents*. Quinta edición. Grand Rapids. Editorial "William B. Eerdsmans Co". pág. 119).

Jesús sufrió, fue crucificado y entregó su vida

- A Cristo lo desnudaron y ataron a una columna.
- Lo latiguearon con una vara o una caña flexible.

> Cristo fue azotado con un látigo: el látigo estaba hecho de cerámica rota, bolas de plomo y astillas de huesos. Dos hombres lo golpeaban de forma alternada. Le laceraron los hombros, la espalda, los muslos y las pantorrillas. A Cristo ya le dolía la piel por sudar gotas de sangre. Se comenzaron a formar grandes moretones azulados y las bolas de plomo le comenzaron a desgarrar la piel. Perdió una abundante cantidad de sangre y se debilitó. Cristo nunca dijo nada. Como tenía las muñecas atadas, no podía desplomarse en el ensangrentado suelo de piedra. Los verdugos solo se detuvieron cuando Cristo estaba a punto de morir, porque habían recibido órdenes de no matarlo.

- A Cristo le dieron una capa de legionario color púrpura, un símbolo burlesco de su realeza.
- Le dieron una corona de espinas de Judea de cinco centímetros, y se la hincaron en la cabeza.
- Se burlaron de él y lo golpearon, abofetearon y escupieron, mientras lo llamaban "Rey de los judíos".
- Lo llevaron a Pilato y la muchedumbre gritaba: "¡Crucifíquenlo!"
- La capa púrpura ahora se secaba, adhiriéndose a su espalda por la sangre coagulada. Se la arrancaban y se le abrían todas las heridas, lo que hacía que le saliera más sangre.

- Le dieron una cruz que pesaba aproximadamente 57 kilos.

- Cristo, descalzo y atado, ahora caminaba unos 600 metros cuesta arriba al lugar de la calavera. Los romanos lo tiraban con cuerdas, preguntándose si moriría antes de alcanzar la cima de la montaña.

- La espalda de Cristo, nuevamente, comenzaba a sangrar a medida que la cruz le raspaba y le volvía a abrir las heridas.

Es cierto que Jesús soportó seis juicios, una corona de espinas, el flagelo de los romanos, y, por último, sus manos y pies fueron atravesados cuando lo clavaron en la cruz. Le clavaron una lanza en su costado, y, por último, un centurión lo declaró muerto. Pero observemos con más detenimiento la muerte de Cristo:

- Estaba tan débil que, en última instancia, le ordenaron a Simón de Cirene que llevara la cruz.

- Cuando lo echaban sobre su espalda, sus heridas se cubrían con polvo y gravilla fina.

- A Cristo, con el hombro en la barra de la cruz, le estiraron la mano hasta el extremo de la barra, donde el verdugo tomó un gran clavo cuadrado y lo incrustó en el pliegue de su mano.

- Clavaron su otra mano en el otro extremo de la barra.

- Todavía en silencio, sus pulgares caían sobre el centro de sus palmas, porque el nervio mediano había sido afectado. Esto enviaba ondas de impacto continuas a su cerebro cada vez que se movía; sufría un dolor atroz.

- Cristo fue colgado de sus manos en una cruz vertical de unos dos metros.

- Sus rodillas estaban flexionadas, con su pie izquierdo sobre la áspera madera, mientras clavaban otro clavo cuadrado a través del segundo o tercer metatarso.

- Ubicaron el pie derecho de Cristo sobre el izquierdo, y un segundo clavo pasó por los dos pies, asegurándolos juntos.

- Le ofrecieron hiel y vino a modo de anestesia, pero no lo aceptó.

- Su cuerpo comenzó a acalambrarse; cada músculo se contraía.

- Sus pulmones tenían aire, pero como en un episodio de asma aguda, su rostro se volvió pálido, morado y azul. Se estaba asfixiando; sus pulmones estaban llenos de aire, pero no podía liberarlo.

- Cristo tenía que apoyarse sobre sus pies mientras los dos clavos sostenían su peso, para liberar el aire atrapado en sus pulmones.

- Ni siquiera parecía un hombre, ya que las heridas en todo su cuerpo estaban cubiertas por enjambres de moscas.

- Cristo experimentó el peor tormento de todos, al estar completamente separado del Padre; su íntima comunión se había interrumpido. El cielo se puso completamente negro, y una profunda oscuridad cayó sobre toda la Tierra. La tierra comenzó a temblar; un gran terremoto azotaba la región. Las tumbas se abrieron, y personas que habían muerto resucitaban y deambulaban por la tierra.

- *Como a las tres de la tarde, Jesús gritó con fuerza: —Elí, Elí, ¿lama sabactani? (que significa: "Dios mío, Dios mío, ¿por qué me has desamparado?")"* (Mateo 27:46).

- *Y nada de esto mató a Cristo, sino que él rindió su vida diciendo "¡Padre, en tus manos encomiendo mi espíritu!"* (Lucas 23:46).

- La cabeza de Jesús se desplomó hacia adelante, y el Hijo de Dios estaba muerto.

Los romanos primero se asegurarían de que Cristo realmente estuviera muerto, y no solo inconsciente. Clavaron una lanza en su costado, como lo hacían con muchas víctimas, para confirmar que estaba muerto. Si Jesús no hubiera estado muerto, le habrían quebrado los huesos de las piernas, inmovilizándolo de manera tal que no pudiera apoyarse para tomar aire. Habría muerto rápidamente por falta de oxígeno. Esto es lo que les ocurrió a los dos hombres que estaban crucificados junto con Cristo.

- La lanza atravesó el costado de Jesús, justo debajo del esternón, perforando la cavidad pericárdica de su corazón. De él fluyó agua y sangre. La presencia de agua daba evidencia médica de que Jesús realmente estaba muerto, ya que solo hay agua en el corazón cuando una persona está clínicamente muerta. No quebraron las piernas de Jesús porque el verdugo sabía que estaba muerto.

Jesús y la tumba

Envolvieron a Jesús en 45 kg de especias, y lo pusieron en una tumba sellada con una enorme roca y sello romano.

"Al atardecer, llegó un hombre rico de Arimatea, llamado José, que también se había convertido en discípulo de Jesús. Se presentó ante Pilato para pedirle el cuerpo de Jesús, y Pilato ordenó que se lo dieran. José tomó el cuerpo, lo envolvió en una sábana limpia y lo puso en un sepulcro nuevo de su propiedad que había cavado en la roca. Luego hizo rodar una piedra grande a la entrada del sepulcro, y se fue" (Mateo 27:57-60).

Sellado y custodiado

A los judíos les preocupaba que alguien robara el cuerpo de Cristo, así que le pidieron a Pilato que enviara guardias romanos a custodiar la tumba.

"Al día siguiente, después del día de la preparación, los jefes de los sacerdotes y los fariseos se presentaron ante Pilato. "Señor —le dijeron—, nosotros recordamos que mientras ese engañador aún vivía, dijo: 'A los tres días resucitaré'. Por eso, ordene usted que se selle el sepulcro hasta el tercer día, no sea que vengan sus discípulos, se roben el cuerpo y le digan al pueblo que ha resucitado. Ese último engaño sería peor que el primero". "Llévense una guardia de soldados —les ordenó Pilato—, y vayan a asegurar el sepulcro lo mejor que puedan". Así que ellos fueron, cerraron el sepulcro con una piedra, y lo sellaron; y dejaron puesta la guardia" (Mateo 27:62-66).

Algunos especulan que pudo haber habido hasta dieciséis soldados en la tumba, ya que esta era la cantidad de soldados mínima en una unidad de batalla romana. Se suele objetar esta afirmación en función de que aquí no se estaba librando una batalla. Por otro lado, la ley romana estaba en juego.

Como Mateo indica antes, los guardias pusieron un sello en la roca. De acuerdo con la costumbre romana, este era un sello de arcilla suave, por lo general sobre correas que abarcaban la roca misma. Si alguien movía la roca, las correas y el sello se romperían.

El sello llevaba la marca del César e indicaba la orden de la mayor autoridad del territorio. El propósito de poner un sello en la piedra no era bloquearla literalmente en el lugar, sino advertir a los posibles intrusos que romper el sello sería una violación de la ley romana. De allí que los guardias romanos estuvieran ahí para hacerla cumplir. Los descubrimientos arqueológicos sobre la época de Cristo confirman que el crimen de robar una tumba se pagaba con la vida.

La tumba vacía

El hecho de que los líderes judíos sobornaran a los guardias para que dijeran que el cuerpo había sido robado implica que el cuerpo no estaba. La tumba estaba vacía y los guardias estaban buscando un escape para no recibir el castigo por haber permitido que el cuerpo de Cristo desapareciera. ¿Quién movió la piedra? Tendemos a pasar este punto por alto, aunque si nos imaginamos a nosotros mismos en la escena, debe haber sido asombroso ver la piedra corrida tan lejos de la tumba.

Sabemos, por el texto, que el tamaño de la piedra era grande, ¡bien grande! Según Marcos 16:1-2, había al menos tres mujeres que sabían que no podrían moverla, por más que pudieran hacerla rodar, debido a su *gran tamaño*. ¿Cuánto pesaba? No sabemos exactamente, pero quizá cerca de 1.5 toneladas, o más.

¿Los soldados no habrían escuchado el movimiento de un objeto tan enorme si hubieran estado dormidos? ¿Podría un Jesús debilitado, golpeado y apuñalado, haber juntado la fuerza para moverla si no estaba muerto?

La posición de la piedra luego de su movimiento fue incluso más interesante. Mateo, Marcos y Lucas usan el término griego *"apokulio"*, que significa *"hacer rodar hacia lo lejos"*, para describir el movimiento de la piedra. Esta palabra incluso indicaría que la piedra estaba lejos de la entrada, no apenas corrida. Juan, sin embargo, es un poco más específico.

En Juan 20:1, usa el término *"airo"*, que significa *"recoger y llevar hacia otro lado"*, para describir el movimiento de la piedra. Esta pesada roca no había sido apenas movida de la entrada, sino más bien puesta en otro lugar lejos de la entrada.

Si consideramos que 1770 cm^3 de granito pesan alrededor de 7 kg (118 cm^3 por kg), fácilmente podemos estimar el peso. El tamaño de la entrada era lo suficientemente grande para que los discípulos tuvieran que agacharse, pero lo suficientemente grande para que el cuerpo entrara, probablemente cerca de un metro. Para que la piedra tapara la entrada unos 15 cm de cada lado, debería medir 122 cm de ancho, o un radio de 61 cm. Además, debe haber sido bastante gruesa como para no volcarse, un mínimo de 30 cm, quizás más. La fórmula para calcular el volumen entonces sería $\pi r2h$, en este caso 355845 cm3. Si usamos el factor de peso anterior 118 cm3/kg, podemos ver que la piedra probablemente pesaba más de 1360 kilos.

Los testigos oculares

Hubo muchas apariciones de Cristo luego de su muerte. En una oportunidad, mencionada por Pablo, se les apareció a más de 500 personas. Otros casos registrados en el Nuevo testamento son:

María y María Magdalena	Mateo 28:9
Los once en Galilea	Mateo 28:16-17
María Magdalena	Marcos 16:9
Dos discípulos (en el camino a Emaús)	Lucas 24:15-31
Diez apóstoles (sin Tomás)	Juan 20:19, 24
Once apóstoles	Juan 20:26-28
Siete discípulos pescando	Juan 21:1-24
Once apóstoles	Hechos 1:2-6
Pedro	1 Corintios 15:5
Santiago	1 Corintios 15:7
Pablo	1 Corintios 15:8
Los quinientos	1 Corintios 15:6

El historiador secular judío Josefo confirma la aparente resurrección de Jesús, al decir:
"... porque se les apareció al tercer día resucitado..."
(Josefo, Antigüedades judías, Edición Loeb, vol. IX, 18.3.3. Traducido [al inglés] por Lewis H. Feldman. Cambridge, MA: Harvard University Press, 1965. Traducido al español para este manual).

En conjunto, el Nuevo Testamento y otros documentos históricos indican claramente que muchas personas vieron a Jesús por un período de 40 días luego de su muerte. Fue visto en muchos entornos distintos, en diferentes actividades: espacios abiertos, cerrados, sentado, parado, caminando, hablando y comiendo.

¿Morirías por una mentira?

Puede que lo hagas, si pensaras que es verdad, pero no morirías por algo de lo que estuvieras seguro que es una mentira. Los terroristas mueren por una mentira porque creen que es verdad. Si los discípulos hubieran sabido que Jesús estaba realmente muerto, y que, en realidad, no había resucitado, no habrían dado sus vidas para contarle al mundo que había resucitado. Pedro fue crucificado. Andrés fue crucificado. Mateo fue crucificado. Santiago, hijo de Alfeo, fue crucificado. Felipe fue crucificado. Simeón fue crucificado. Tadeo fue asesinado con flechas. Santiago, el hermano de Jesús, fue apedreado. Tomás fue asesinado con una lanza. Bartolomeo fue crucificado. Santiago, hijo de Zebedeo, fue asesinado a filo de espada. Pablo, el apóstol, fue decapitado con una espada. Juan fue el único que murió por causas naturales.

Eventos De Infusion Ministries

Eventos EPIC

Nuestra pasión en Infusion Ministries es capacitar a pastores y otros líderes para que ayuden a las personas bajo su cuidado a entender lo que significa ser hijos de Dios y caminar libres de hábitos destructivos. Brindamos capacitación EPIC (*Experimenta Personalmente tu Identidad en Cristo*) y recursos para todos los grupos y edades. Además de las cumbres que se mencionan a continuación, tenemos capacitación adaptada para padres, líderes de grupos pequeños, entre otras. Comunícate con nosotros para obtener más información y para saber cómo puedes participar en una cumbre con nosotros en Knoxville, TN, o llevar estas verdades poderosas a tu iglesia o ministerio. Llama al (865) 966-1153 o visita infusionnow.org para obtener la información más actualizada sobre nuestros eventos.

Cumbre EPIC

Esta cumbre de tres días se realiza en vivo en Knoxville, TN, se transmite por Zoom en otoño y primavera, y tiene tres partes:

- **Identidad**: el material Identidad EPIC nos lleva a través de las verdades bíblicas acerca de quiénes somos en Cristo y cómo reemplazar las ideas negativas y falsas que hemos creído sobre nosotros mismos con estas verdades.

- **Libertad**: Satanás quiere mantenernos cautivos de nuestros hábitos destructivos, adicciones, miedos, ira, falta de perdón y más. Pero Jesús vino a hacernos libres. Libertad EPIC brinda herramientas para ganar la batalla por la mente y vivir en Su libertad.

- **Jornada de oración del Señor**: utilizamos el padrenuestro como un medio para que el Espíritu Santo nos revele toda puerta abierta el enemigo, conflictos espirituales no resueltos o falta de perdón, y para ayudarnos a reclamar libertad.

Conferencia para estudiantes Emergiendo de la oscuridad

Esta conferencia es para estudiantes y líderes de grupos de estudiantes. Hay muchas voces tratando de decirte quién eres, pero la única que vale la pena escuchar es la voz de Aquel que te creó y te ama como ningún otro. La Conferencia Emergiendo de la Oscuridad está diseñada para ayudarte a cerrar las puertas al enemigo, caminar en libertad y vivir como la persona poderosa y llena de gozo que Dios ya ha hecho de ti.

Cumbre Líder EPIC

Esta cumbre de dos días se realiza en Knoxville, TN, una vez al año. Muchos líderes no se sienten calificados o equipados para ayudar a aquellos que tienen conflictos y ataduras espirituales. Líder EPIC brinda herramientas y principios bíblicos que te ayudarán a llevar el mensaje de identidad y libertad en Cristo a tu iglesia u organización. Con el material tendrás un modelo y guía claros para el discipulado y la consejería, y herramientas para ayudar a todos los creyentes a vencer sus conflictos espirituales.

Cumbre EPIC latino

Esta cumbre de cinco días se realiza en Knoxville, TN, una vez al año, hacia el final del verano. Identidad, Libertad y Jornada EPIC se combinan con los materiales de Líder EPIC, todo en español. Comunícate con nosotros para obtener más información sobre la siguiente cumbre EPIC latino.

Visita guiada a Tierra Santa, dirigida por el Dr. Dave Park

Durante este viaje transformador, por lo general, en mayo, visitamos diversos sitios naturales, urbanos y religiosos mencionados en las Escrituras, y compartimos momentos profundos de adoración, enseñanza y oración. Para conocer más sobre el próximo viaje, visita nuestro sitio web en infusionnow.org.

Made in the USA
Columbia, SC
14 December 2023

28074486R00072